Après l'IVG

Marie Philippe

Directrice et fondatrice du site www.IVG.net

Après l'IVG

Des femmes témoignent

ARTÈGE

Éditions Artège
10, rue Mercœur – 75011 Paris
9, espace Méditerranée – 66000 Perpignan

www.editionsartege.fr.

ISBN : 979-10-336-0374-0
EAN : 9791033607496

Avertissement

Cet ouvrage est essentiellement constitué de témoignages de femmes confrontées à l'IVG, recueillis depuis plus de dix ans à travers le site www.ivg.net ou sur la page Facebook « IVG, vous hésitez : venez en parler ».

Si la syntaxe et l'orthographe de ces échanges choisis parmi plus de 1 500 témoignages écrits ont été revues pour en faciliter la lecture, le style originel a été conservé au maximum. La loi sur l'IVG a aussi rapidement évolué. Certains de ces témoignages évoquent par exemple le délai de réflexion de 7 jours qui, depuis, a été supprimé.

L'auteur a traité personnellement environ 8 500 appels téléphoniques de femmes (et quelquefois d'hommes) se posant la question de l'IVG pour elles-mêmes (pour leur conjointe), pour leur fille ou pour une amie ; elle a reçu personnellement près de 1 000 appels de femmes souhaitant parler de leurs angoisses et de leurs problèmes, à la suite d'une ou plusieurs IVG. La plate-forme d'écoute d'ivg.net reçoit environ 3 000 appels par an qui sont reçus par 15 écoutantes.

La quasi-totalité des témoignages présentés sur les sites officiels ou dans la presse affirment le caractère bénin de l'IVG. On pourrait en déduire qu'il n'existe pas d'avis divergent sur le sujet. Sans parti pris, ce livre donne la parole à des femmes qui n'ont aucune possibilité de s'exprimer autrement et dont la souffrance est occultée. Leur témoignage douloureux permettra peut-être de prendre conscience que l'IVG n'est pas un acte anodin et qu'un nombre non négligeable de femmes en souffre.

Combien ? Il existe en France peu de statistiques sur ce sujet, faute de volonté réelle et de moyens. Cependant les études statistiques faites à l'étranger sur les suites de l'IVG sont nombreuses ; elles sont présentées ici.

Propos préliminaires

Notre action sur « le terrain » a débuté il y a plus de dix ans. Internet est notre vecteur principal de communication à travers le site ivg.net et ensuite notre page Facebook. Notre mission est d'abord de sensibiliser les femmes et de les prévenir en toute objectivité, de façon complète, sur l'IVG. Il nous semble nécessaire qu'elles connaissent toutes les conséquences de l'avortement provoqué et qu'elles ne restent pas comme dans une impasse sans alternative.

Pour cela, nous faisons porter notre attention sur au moins quatre points :

- Nous remettons les femmes face à leur liberté : il n'y a pas de vrai choix s'il n'y a qu'une seule solution... surtout quand on sait qu'une grande proportion de jeunes femmes fait l'objet de pressions et de contraintes extérieures fortes. Dans les appels que nous recevons, beaucoup de femmes sont sous la pression de leur conjoint, leurs parents ou entourage...
- Nous expliquons factuellement le déroulement du processus de l'IVG (médicale ou chirurgicale).
- Nous proposons des aides concrètes pour qu'elles sachent qu'elles peuvent mener leur grossesse à terme. Nous donnons des informations sur les aides existantes ou des démarches à entreprendre. Nous apportons parfois une aide financière d'urgence ou un soutien psychologique amical ou juridique.

- Nous mettons en garde les femmes sur les séquelles possibles de l'IVG tant physiques que psychologiques, en nous appuyant sur des études scientifiques internationales, les protocoles médicaux actuels et surtout les milliers de témoignages reçus qui corroborent nos affirmations.

Notre motivation n'est pas religieuse; elle consiste à agir pour le respect de la femme dans son être intégral car trop souvent l'IVG est un droit des femmes… utilisé pour les hommes! Nous sommes pour un « nouveau féminisme » qui doit prend en compte la personne toute entière de la femme et ses aspirations profondes. L'IVG n'est pas une question de religion mais de civilisation. Le serment d'Hippocrate, déjà à l'époque de la Grèce Antique, montre bien que la question de l'avortement était déjà d'actualité et posait un « problème » pour les médecins.

L'information que nous proposons se veut ainsi neutre et objective. Pour cela elle est la plus complète possible et repose sur des études scientifiques, des statistiques et l'expérience de professionnels de santé. J'ai personnellement échangé sur cette question depuis plus de dix ans avec plus de 10 000 femmes de tous âges et de toutes conditions.

Il existe également beaucoup de sites qui font un travail d'information souvent très sommaire. Pour ma part, cependant, je m'interroge sur l'objectivité d'un site gouvernemental, par exemple, qui masque délibérément des informations scientifiques au motif principal qu'il ne faut pas « culpabiliser » les femmes et dont les écoutantes sont majoritairement issues d'un courant féministe idéologue MFPF (Mouvement Français du planning familial). Sur le site officiel « ivg.gouv.fr », nous ne retrouvons pas la moindre mise en garde sur l'avortement. Bien au contraire, on y relève des contre-vérités symptomatiques d'un parti pris quasi idéologique comme celle qui consiste à dire que dans le cas de l'IVG médicamenteuse, comme dans celui de l'IVG chirurgicale, on « expulse l'œuf ». Nulle part dans le site gouvernemental, on ne parle « d'embryon » alors que c'est le terme scientifique et médical approprié qui devrait être utilisé dans un site élaboré par le Ministère de la Santé ! En principe, on parle d'un « œuf » entre le moment de conception jusqu'au 25e jour de grossesse. Plus exactement, la période embryonnaire correspond aux huit premières semaines de la grossesse. Elle est divisée en une période pré-embryonnaire (de la 1re à la 3e semaine), occupée par la mise en place des trois feuillets embryonnaires, suivie de la période embryonnaire proprement dite (4e à la 8e semaine) pendant laquelle se développent les différentes élaborations embryonnaires des organes[1]. À partir de la huitième semaine, il ne s'agit plus d'un embryon mais d'un fœtus ! Donc cela concerne toutes les IVG qui se font entre la 8e semaine et la 12e semaine…

À propos de l'IVG médicamenteuse, le site gouvernemental passe sous silence complet les « effets indésirables » :

> Ce médicament augmente les contractions et provoque l'expulsion de l'œuf. Les contractions utérines provoquent des douleurs ressemblant à celles des règles, parfois plus fortes. Des antalgiques, qui agissent contre la douleur, sont le plus souvent prescrits. Les saignements peuvent parfois se produire très vite après la prise du misoprostol, mais parfois plus tardivement :

1. Cf. : embryology.ch – cours d'embryologie des universités de Fribourg, Lausanne et Berne.

> - Dans 60 % des cas, l'avortement (expulsion de l'œuf) se produit dans les 24 heures suivant la prise du misoprostol ;
> - Dans 40 % des cas, l'avortement aura lieu dans les 24 à 72 heures suivant la prise du misoprostol.
>
> Les saignements durent généralement une dizaine de jours[2].

C'est tout. Or, beaucoup de témoignages de femmes parlent de « douleurs insupportables », « de violents spasmes », « de douleurs d'accouchement » quand elles ont déjà eu des enfants précédemment…

À propos de l'IVG par aspiration, le site se fait encore plus rassurant :

> La technique chirurgicale consiste en une aspiration de l'œuf, précédée d'une dilatation du col de l'utérus :
> - L'ouverture du col utérin peut être facilitée par l'administration d'un médicament ;
> - Une canule de calibre adapté à l'âge de la grossesse, introduite par le médecin dans l'utérus, est reliée à un système permettant l'aspiration du contenu de l'utérus.

Là encore, le site gouvernemental ne dit pas toute la vérité quand il parle de « contenu de l'utérus » au lieu d'exprimer la réalité de l'acte en utilisant la terminologie adaptée d'embryon ou du fœtus…

Quant aux conséquences, elles sont toujours, largement « évacuées » en quelques lignes volontairement tranquillisantes :

2. sante.gouv.fr/IVG-medicamenteuse.html.

Une hospitalisation de quelques heures est suffisante, le plus souvent, pour une IVG, même si elle est pratiquée sous anesthésie générale. L'intervention se déroule dans un bloc opératoire. Elle dure une dizaine de minutes. La méthode contraceptive choisie par la femme est prescrite avant la sortie.
Quels troubles peuvent survenir après une IVG chirurgicale ?
Les complications après une IVG sont rares. Cependant, dans les jours suivant l'IVG, la femme peut présenter :
- De la fièvre, avec une température supérieure à 38° ;
- Des pertes importantes de sang ;
- De fortes douleurs abdominales ;
- Un malaise[3].

En ce qui nous concerne, l'information que nous proposons semble bien accueillie par les internautes car notre site est très visité, 25 000 vues par mois. Effectivement, il contribue à la réflexion car nous sommes à l'écoute du cœur de la femme. Il nous arrive souvent de passer plus d'une heure au téléphone avec certaines afin de les comprendre et de les aider à analyser leur situation, parfois complexe, qui les pousse à envisager l'avortement... Nous tissons une relation avec chaque femme. Ainsi, c'est le cas quand elles sont seules, abandonnées par leur compagnon ou reniées par leur famille.

Pour cela, nous nous appuyons sur des écoutantes formées spécifiquement sur les questions psychologiques, médicales, légales et sociales liées à la grossesse et l'IVG. Ces femmes suivent des sessions de formation continue bimensuelles.

3. sante.gouv.fr/IVG-chirurgicale.html.

Elles ont le plus souvent une formation personnelle médicale ou psychologique. Enfin, leur expérience d'écoutante leur a sans doute plus appris sur la détresse des femmes après une IVG qu'une encyclopédie sur l'avortement...

Les femmes qui nous appellent, quant à elles, ont des profils très variés. Nous touchons toutes les classes de la société, tous les âges et toutes les cultures. Ces femmes viennent d'apprendre qu'elles sont enceintes, pensent spontanément à l'avortement et ont une multitude de questions. Ou bien elles sortent d'un rendez-vous médical pour l'IVG au cours duquel le personnel n'a pas forcément pris le temps de les écouter ou de répondre à leurs interrogations.

D'après mon expérience de ces appels, je perçois clairement que la femme est seule face à ce choix, si complexe dans son vécu quotidien et si dur pour elle ! Elle a besoin de soutien, d'être comprise dans sa situation présente sans jugement, épaulée par une personne compétente, dans le respect de l'anonymat. Elle est reconnaissante quand, après que nous avons passé du temps avec elle, elle fait un choix éclairé, qui sera alors le sien.

Il faut dire que ces femmes sont peu entendues ailleurs, elles trouvent très peu de réponses à leur souffrance. Les psychologues sont peu formés sur ces questions, particulièrement après l'IVG où, en France, on élude les conséquences possibles. Ce qui rajoute d'ailleurs un mal-être à la souffrance des femmes qui se sentent interdites de paroles.

Les témoignages présentés dans ce livre sont tous authentiques. Notre page Facebook « IVGoupas » (qui est gratifiée de plus 70000 likes en augmentation de 1 000 par semaines) peut authentifier ce type de témoignages par le fait qu'ils sont corroborés par des femmes avec leur vrai profil. Comme beaucoup de témoignages de ce livre, nous en avons reçu hélas, de nombreux autres qui relatent des faits quasiment identiques, et toujours avec la même souffrance.

Bien sûr, notre site et son rayonnement ont pu susciter des réactions négatives. À mon avis, le fait qu'il s'agisse d'une initiative privée ne plaît pas à tous. Nous sommes dans les premières places sur Google depuis des années, ce qui peut susciter une certaine « jalousie ». Certains ont voulu se servir du délit d'entrave à l'IVG pour interdire notre site ou au moins nous discréditer. Pourtant nous ne nous sentons pas concernés par ce « délit ». En effet, nous donnons des informations complètes et des conseils. Nous ne faisons aucune pression et encore moins de « l'entrave ». La femme, ayant conscience de l'acte qu'elle va poser, est libre de faire SON CHOIX.

Il faut dire qu'en France la parole n'est pas vraiment libre sur ce sujet. Beaucoup de personnes ont peur d'en parler… Avant l'IVG, les femmes ont peur d'échanger. Et après, les femmes n'osent pas dire qu'elles ont avorté et qu'elles en souffrent. Il y a très peu de lieux d'écoute actuellement…

Dans ce contexte, notre action semble chaque jour plus indispensable. J'en veux pour preuve les encouragements, la reconnaissance et les paroles de gratitude dont nous témoignent les femmes, parfois des années après un premier contact. Ce travail d'écoute répond à un vrai besoin et une attente face à ce choix déterminant pour leur vie physique et psychologique.

Chapitre premier

La douleur de la femme face à l'IVG

On peut tenir beaucoup de raisonnements philosophiques, rationnels, juridiques, etc. sur l'avortement. Mais il y a un fait avéré, c'est le témoignage régulier de ces femmes qui expérimentent dans leur cœur et leur corps une douleur immense à l'occasion de l'IVG. Elles ressentent cet acte comme « contre-nature ». Celles et ceux qui écoutent des femmes au cours d'entretiens ou de consultations psychologiques sont les témoins quotidiens de cette douleur. Un dicton populaire dit : « Dieu pardonne toujours, l'homme quelquefois, mais la nature jamais ».

Par le site Internet www.ivg.net et sa plateforme téléphonique, nous recevons de façon anonyme de nombreux messages écrits ou verbaux emplis de cris de désespoir de femmes ayant déjà subi une IVG. Lorsque nous les questionnons pour les aider à analyser leur état et assumer leur détresse psychologique, elles disent dans leur grande majorité qu'elles n'ont pas de religion, qu'elles sont athées. Il ne s'agit donc pas d'une culpabilité qui viendrait d'une éducation rigide ou religieuse. Rien ne semble prédisposer la femme à ressentir ce mal-être. Au point que certaines n'hésitent pas dire très directement et très douloureusement : « J'ai tué mon bébé ».

Le poids des structures sociales, religieuses ou culturelles n'explique que très partiellement le mécanisme du développement de la culpabilité. Pour beaucoup de psychologues, le fait d'extérioriser ce sentiment est sain et ne doit pas être nécessairement refoulé. Ainsi au Japon, où l'avortement est depuis longtemps autorisé, les femmes développent aussi ce sentiment de culpabilité. Pour décharger leur conscience, des « temples des enfants » existent. Elles y apportent les restes de leurs fœtus avortés, et vont y faire comme des « rituels » à caractère pénitentiel. On peut expliquer ces démarches par la nécessité de « réparer » la transgression réalisée dans ce refus d'accepter les racines de vie qui sont comme inscrites au plus profond de la conscience de la femme, qu'elle en soit consciente ou non.

Voici le témoignage de Gwendoline (18 ans) :

> Beaucoup de facteurs m'ont poussé à prendre cette décision difficile. Je ne peux m'empêcher de regretter ce choix, j'en pleure tous les jours, je n'ai plus le goût à rien, je me demande sans cesse si le bébé aurait été une fille ou un garçon. Comment aurait-il été ? Toutes ces questions qui resteront à jamais sans réponses !
>
> J'ai du mal à me regarder dans une glace sans penser que je suis un monstre, que j'ai tué cet enfant, j'ai l'impression que je ne m'en sortirai jamais. Je me remémore encore toute la douleur que j'ai ressentie ce jour-là, autant physiquement que mentalement. À aucun moment, je n'ai pleuré devant les médecins, j'étais seule et forte devant eux, mais quand j'ai passé la porte de sortie de l'hôpital, je me suis effondrée, j'ai réalisé que c'était fait… Ma vie ne sera plus jamais comme avant ! Je pense à cet enfant tous les jours de ma vie. Je savais

que cette épreuve serait difficile, mais je ne pensais pas qu'elle m'achèverait à ce point.

Ou bien Clémence (28 ans) :

J'ai même pensé au suicide ! Cela paraît fou. Je n'accepte pas d'avoir fait ça. Cela me ronge profondément. Je n'ai plus l'envie d'avancer. Je ressens un gros manque. Je ne dors plus et quand j'essaie, je fais des cauchemars.

Ou bien encore, Leslie (18 ans), déjà un enfant de 6 mois, une IVG à 14 ans et une tentative de suicide…

Je ne comprends toujours pas ce qu'il s'est passé dans ma tête, je m'en veux énormément. Je n'accepte toujours pas d'avoir fait ce choix qui me pourrit la vie chaque jour.
Quand je vois grandir ma fille, je me pose souvent la question : « Comment aurait été le petit visage de mon premier bébé ? » Puis, je me dis : « Il serait grand maintenant… » De toute façon, pour moi, j'ai eu 2 grossesses, j'ai 2 enfants pour 1 seul accouchement. Ma fille est toute ma vie mais, malgré sa présence, je n'arrive pas à effacer mon IVG. Je ne me fais plus de mal à moi-même, mais j'y pense sans cesse et j'y penserai toujours. Je ne peux pas oublier puisque cela me hante. Cela me punit, en fait.

Mélanie (27 ans) :

Depuis 8 ans je souffre, je pleure, je suis seule, je n'arrive plus à vivre, je n'ai plus le goût à rien… Voilà.

Justine (18 ans) :

En me réveillant, je me suis sentie vide, comme si on avait arraché quelque chose de moi, c'est inexplicable, et je me suis mise à pleurer toutes les larmes de mon corps. J'avais l'impression d'avoir tué ce petit être en moi, l'impression d'avoir retiré la vie à quelqu'un. Je m'en voudrai toujours de l'avoir fait. *Je me demande toujours: « A quoi aurais-tu ressemblé ? »*

Catherine (45 ans) :

On est marqué au fer rouge. On souffre en cachette. Cela fait plus de 20 ans que j'ai fait cet avortement. Mon esprit et mon corps sont mutilés. À chaque date anniversaire, je revis le même cauchemar en essayant d'oublier ce que mon « ami » m'a fait endurer.

Marianne (49 ans), 20 ans après l'IVG :

On a banalisé cet acte, on a cru que nous avions cette « liberté »... mais c'est aussi un enfermement psychologique. L'avortement a un prix, et c'est de notre personne que nous payons.

Caroline (36 ans) :

J'ai 36 ans et suis mariée depuis 13 ans, j'ai 2 enfants et une vie stable et confortable. Pourtant, il y a 2 mois, j'ai avorté. Ce que j'avais la sensation de bien faire pour mes 2 enfants, je me sentais incapable de le faire pour 3. Par égoïsme mais aussi par conscience, j'ai décidé de protéger ce que j'avais construit, de me donner le droit de vivre ma vie de femme et de professionnelle.

Pourtant, si toutes ces raisons rationnelles avancées sont réelles et sérieuses, elles n'en demeurent pas moins une justification et un déni de ma détresse. Le sentiment d'avoir fait un acte contre-nature, le regret de cet enfant qui ne verra jamais le jour, la certitude de ne pas avoir rempli mon rôle de mère protectrice et nourricière m'assaillent et me plongent dans une situation absurde et destructrice.

Treize ans d'union, treize ans de fidélité, d'écoute et de bienveillance dans notre couple qui sont en train de partir en fumée. Il y a un mois, j'ai commencé à céder aux sollicitations d'un jeune homme charmant avec qui je n'ai rien à faire. Il me rappelle que je suis une femme désirable, il me fait oublier l'inacceptable. C'est paradoxal car une des raisons majeures de mon choix d'avorter était de préserver l'équilibre de la famille, équilibre que je mets à présent en péril à cause d'une obsession sordide. Je n'aime pas cet homme, je le désire, mais je n'ai aucun sentiment amoureux, et pourtant, il m'obsède, je fuis ma responsabilité et j'ai la sensation que cela fait suite au stress post-traumatique de l'IVG. Avec lui, je me découvre désinhibée, explorant une facette trash des rapports sexués.

Je souhaitais témoigner pour 2 raisons: faire sortir, par le partage, une honte et une certaine culpabilité que je vis difficilement. Et mettre en garde d'autres femmes de ce retour de bâton, de cet instinct primaire de vie et de chair, qui, j'en suis sûre, concerne d'autres femmes. Un avortement peut être assumé et relativement bien vécu psychologiquement, mais il peut aussi être la base d'un processus traumatique impactant toute une vie. J'ai l'habitude de prendre beaucoup de recul, mon récit vous paraît donc probablement froid et analytique, mais croyez-moi, c'est un tsunami dans ma tête et, à l'heure actuelle, je n'imagine plus l'avenir.

Julie (35 ans) :

Je m'appelle Julie et je suis maman d'un petit garçon de 4 ans, j'ai mis 6 ans pour l'avoir en vivant des situations atroces (opération chirurgicale sur les trompes, hystérographie et traitement avec hormones).

J'ai eu recours à une IVG récemment et j'ai l'impression d'être un monstre... Si cela n'avait tenu qu'à moi, je n'aurais jamais avorté... Tout a commencé il y a quelques mois, quand je me suis séparée avec mon mari. Au mois de mars, j'ai claqué la porte; puis je suis revenue. Le temps a passé. Retard de règles, je fais un test de grossesse: positif. Mon mari me met la pression pour une prise de sang que je fais, et là, le verdict tombe: je suis enceinte. Je ne sais pas si je dois me réjouir ou non car avec tous les soucis, je suis un peu perdue.

Je vais chez mon gynéco qui me donne une date de conception qui ne correspond pas avec mes dates. Puis le laboratoire me donne une date différente du médecin.

Du coup, on décide d'aller aux urgences. Là, je me fais envoyer sur les roses par le gynécologue de garde qui me balance: « Si vous ne voulez pas être enceinte, il faut vous protéger. Et en plus, vous n'êtes pas une urgence! » Il m'ausculte quand même et me donne une 3e date qui ne correspond toujours pas.

Mon mari croit que je l'ai trompé au cours de mon absence et donc me dit d'avorter... J'ai l'impression d'être spectatrice

de mon corps : je suis ce qu'il me dit de faire, comme une marionnette, car je me résous à l'idée d'avorter, en me disant que ce bébé sera rejeté par son père et qu'il aura toujours un doute sur sa paternité.
Donc je prends rendez-vous au centre de planification qui me dit que si j'en ai pris plein la figure par le gyneco, c'est à cause de toutes ces femmes qui avortent 4 à 6 fois ! Mais moi, c'est la première fois. Je ne suis pas comme elles... Puis on me donne le « traitement » que je prends, et deux jours après, les deux autres cachets de Cytotec. Je suis malade à crever mais je le fais comme un pantin. Je ne dis rien. Je ne me plains pas mais intérieurement, je hurle de douleur... J'ai tué mon bébé ! Je rêvais de tomber enceinte naturellement, d'avoir un deuxième enfant à aimer, dorloter, câliner et protéger ! Au lieu de ça, je lui ai retiré la vie ! J'ai tué mon bébé...
Ma famille et amis croient que j'ai fait une fausse couche donc je ne peux pas leur crier ma douleur et ma peine... Je suis obligée de faire semblant sauf avec mon mari avec qui je suis agressive, énervée, fatiguée... Je lui en veux de m'avoir fait subir ça ! Et je me déteste de l'avoir écouté ! Je suis un monstre.

Lydie (25 ans), une IVG à 19 ans :

Cela fait plusieurs années que je souffre de l'avortement que j'ai subi il y a 6 ans. Il s'agissait d'une grossesse gémellaire dont l'IVG était non souhaitée de ma part. J'avais 19 ans et vivais chez ma mère. C'est un vrai drame pour moi. Les circonstances et conséquences sont compliquées.
Toujours est-il qu'aujourd'hui j'en souffre, et plus le temps passe, plus j'en souffre.

Parfois j'ai vraiment l'impression que cette tristesse me tuera. J'ai besoin d'une écoute professionnelle qui connaisse le sujet pour essayer d'entrevoir une sortie à cette détresse. Depuis peu, je suis en contact avec mon ex. Cela fait 6 ans maintenant qu'on n'a pas vraiment parlé de tout ça et apparemment, il serait dans un état proche du mien et lui aussi regrette beaucoup cet avortement. Ma souffrance en est d'autant plus intense.
Je ne sais plus quoi faire, c'est l'impasse. Pendant ces 6 ans, j'ai eu une relation avec quelqu'un de violent dont j'ai su me dépêtrer. En résumé, une psychologue m'a fait prendre conscience, que j'étais attachée à lui car j'essayais d'éviter quelque chose de pire qui me bouffe. Il s'agissait bien de cet avortement dont je ne cesse de culpabiliser... Depuis je suis sans arrêt partagée, dans mon imaginaire, entre la vie que j'ai, et celle que j'aurais dû avoir. C'est épuisant...
Je ne peux assumer ce choix pour moi-même car il n'était pas le mien. Certains jours, je fais avec, je n'y pense pas, et d'autres jours c'est l'effondrement. J'ai développé un caractère changeant, avec beaucoup de colère et de peine qui sommeille en moi. Pourtant, vue de l'extérieur, je ne suis pas malheureuse. Je travaille, j'ai fait des études, l'acquisition d'une voiture et d'un appartement. Mais il s'agit d'un cache-misère de l'état psychologique où je me trouve. Je vous écris car je suis « paumée » et à vif. J'ai besoin d'aide.

Nous pourrions multiplier tous ces témoignages. À ce jour, nous en avons des milliers dont plus de 1 200 consignés par écrit.

Même pour des IVG pratiquées dans les meilleures conditions, ces femmes témoignent que leur psychisme est affecté au plus profond d'elle-même car cet acte médicalisé ne guérit pas une affection mais *arrête un processus de vie.* Il est difficile de comparer l'IVG à un acte médical classique.

Une souffrance sous-estimée

Paradoxalement, les publications médicales en France sur la souffrance post-IVG sont assez réduites alors qu'il y en a bien plus dans les pays anglo-saxons ou scandinaves. Certains psychiatres doutent même de l'existence d'un syndrome de stress post-traumatique (SPT) en lien direct avec l'IVG. Nous pouvons nous interroger sur cette anomalie. Elle peut avoir deux causes.

La première est une forme d'autocensure plus ou moins consciente : les médecins ne veulent pas se marginaliser de leurs collègues, de la société, en allant contre le consensus. Ils n'osent pas interférer dans une décision qui est devenue un « droit » reconnu et de plus en plus sacralisé par le pouvoir politique et médiatique, surtout en France. Il est même devenu aujourd'hui par un vote de 2014 à l'Assemblée, un « droit fondamental ». Le corps médical ne se reconnaît plus la possibilité d'émettre un avis sur une décision qui relèverait selon lui du domaine éthique. Il préfère en rester au geste technique. Les questions éthiques, en général, sont de plus en plus renvoyées à des commissions ad hoc, pour éviter au médecin de prendre seul une décision qui engagerait sa responsabilité morale ou même juridique et donc qui implique « sa personne ». Le recours à la collégialité des décisions rassure car elle a immanquablement un effet dilutif sur l'implication éthique du praticien.

La seconde tient au fait que la souffrance que décrivent ces femmes, même si elle est indéniable et substantielle, n'est pas considérée à juste titre comme une « maladie mentale » et n'est généralement pas liée à une pathologie psychique. Le médecin sera peut-être consulté pour un mal-être mais ne pourra pas le considérer comme une pathologie. La souffrance psychique désigne une véritable douleur ressentie mais n'est pas d'ordre somatique. Ce n'est pas une grippe ou un bras cassé. Un deuil, par exemple, peut provoquer une forte souffrance psychique mais cette douleur n'est pas, en soi, pathologique. Les douleurs psychiques sont perçues dans l'intimité de la personne et sont donc d'un ordre subjectif. Cette souffrance peut, en revanche, influer fortement sur le comportement comme le repli sur soi, l'isolement social, l'agressivité, des idées suicidaires et peut même conduire à des tentatives de suicide. On parle alors de « troubles psychiques » qui débouchent sur le diagnostic de « maladie psychique » comme la dépression. Cela peut être le cas lorsque la femme développe une culpabilité excessive qu'elle ne maîtrise plus au point d'éprouver une souffrance insoutenable.

Il convient au passage de distinguer entre la honte et la culpabilité qui sont des sentiments assez proches. La honte conduit la femme à se déprécier par des phrases comme « je suis un monstre ». La culpabilité est une réaction plus saine, un regard plus objectif sur l'acte qui se traduit par « j'ai commis une faute, j'ai transgressé une valeur ». La culpabilité peut être positive pour se reconstruire car elle n'évacue pas la responsabilité et ne fait pas de déni. Elle n'est pas fataliste car la personne en reconnaissant sa responsabilité ne se déprécie pas nécessairement et peut avancer dans une démarche positive pour sortir de son mal-être.

La douleur que peuvent ressentir ces femmes quelques mois après une IVG semble similaire à un état dépressif mais n'est pas une dépression. C'est une douleur spécifique qui ne doit pas être classifiée comme « anxiété » ou « dépression ».

La femme dispose par ailleurs dans sa nature psychique, de défenses naturelles pour accepter avec le temps la perte d'un embryon ou d'un fœtus dans le cas d'une fausse couche, même si cette altération peut être vécue de façon douloureuse. En revanche, lors d'une IVG, il y a cette décision consciente, et le plus souvent volontaire, qui peut provoquer ce sentiment diffus d'attitude fautive, de remords, de mal-être, même quand la femme est sûre de son choix.

C'est ce que nous confie Amélie, cette mère d'une petite fille de 5 ans quand elle dit :

> Le soir, le sommeil ne vient pas et mes pensées arrivent en même temps que la nuit s'installe. Et je me dis que je ne regrette pas cette IVG mais je culpabilise de ne rien regretter ! Moi qui suis déjà maman d'une petite fille que j'aime plus que tout, comment puis-je être aussi en refus de ce bébé ? Et quand ma fille va me dire : « Maman je veux un petit frère ou une petite sœur » – chose qu'elle me réclamait déjà régulièrement – comment vais-je réagir ? Vais-je penser à cette mère horrible que je pense être car j'ai préféré penser à moi et au bien-être de mon compagnon que de vraiment penser à ce bébé ?

La fausse couche ne provoque pas le même mécanisme psychique de culpabilité. C'est une erreur, à mon avis, de l'assimiler à la même problématique. Ainsi, Wendy (25 ans) a fait il y a un an une IVG médicamenteuse sur le « conseil » de ses proches :

> « Cela a été horrible. J'ai tué mon bébé. Je l'ai senti partir. À cause de l'IVG, j'ai fait une fausse couche 6 mois après. Dur. Aujourd'hui, un an après l'IVG, je n'arrive pas à m'en remettre. Je regrette tellement ce que j'ai fait ! ».

Il est patent de voir ici que Wendy a bien différencié la douleur de sa fausse couche de celle de l'IVG.

Développer un sentiment de culpabilité raisonnable à la suite d'un acte perçu comme mauvais n'est pas en soi malsain. La personne humaine qui veut avoir un comportement responsable recherche souvent à agir pour le « bien ». Dans le cas d'Amélie cité plus haut et dans bien d'autres cas, la culpabilité peut même apparaître sans que la femme ait eu besoin de regretter son acte. Dans le fonctionnement élaboratif de sa psyché, elle considère comme normal de *devoir culpabiliser* surtout en raison de la facilité avec laquelle ce geste a été fait (« Je culpabilise de ne rien regretter ! »).

Clémence (24 ans) décrit bien ce qui peut être à l'origine de sa culpabilité alors qu'elle dit « assumer » son geste et qu'elle se justifie :

> Cette grossesse était non désirée et j'ai moi-même pris la décision de l'arrêter. Je n'ai eu aucune contrainte à subir de la part de qui que ce soit si ce n'est de ma propre personne. Cependant, dès la prise des premiers cachets, j'ai eu mes premiers saignements. Et c'est à ce moment-là que je me suis mise à éprouver du remords. Je ne sais pas pourquoi, mais je me suis dit « Je ne devrais pas être en train de saigner ».

Non pas que les saignements soient anormaux, mais j'ai eu la sensation que ces saignements allaient à l'encontre de ce qui aurait naturellement dû se dérouler en moi. Comme s'ils stoppaient quelque chose qui devait être en moi, qui devait se produire que je le veuille ou non. Comme si j'avais la responsabilité de ce qui était en moi, et que je l'attaquais moi-même. Pensant bien faire, la sage-femme est venue m'informer que l'IVG s'était bien déroulée normalement. « Bien déroulé », « normal »... Quelque chose m'échappait. Ces termes étaient inappropriés à la situation. Pour moi, il n'y avait rien de 'bien' ou de 'normal' dans ce qui venait de se passer. Je n'ai pas, comme beaucoup de femmes, ce sentiment d'avoir « tué mon bébé », mais j'ai l'impression d'avoir manqué à mon devoir maternel... d'avoir été lâche. J'ai l'impression que j'avais pour devoir, pour mission de protéger cette petite chose qui était en moi, et qu'au lieu de ça, j'ai tout fait pour l'éjecter, pour m'en débarrasser. C'est comme si je l'avais trahie. J'étais capable de donner la vie et s'offrait à moi l'honneur de protéger et de faire grandir un être en moi, et au lieu de ça j'ai failli à mon rôle. Je me sens coupable... Coupable de ne pas avoir pu accomplir ce que j'aurais dû accomplir.

La douleur de ces femmes s'accompagne souvent d'une tentative de justification et de rationalisation. *L'autojustification* est une attitude fondamentalement humaine (« J'étais trop jeune », « Je ne suis pas prête, mon copain non plus », « J'avais des difficultés financières, psychologiques », « Je n'avais pas de travail », etc.).

Mais cette tentative de justification de l'acte par un événement extérieur ne retire pas pour autant le sentiment de culpabilité qui les ronge et provoque leur mal-être spécifique.

Psychologiquement, elles se retrouvent dans une impasse car elles voudraient se prouver à elles-mêmes qu'elles n'ont pas été assez libres de réaliser cet acte parce que « déterminées par telle ou telle situation ». Elles peuvent en déduire qu'elles n'ont pas eu de responsabilité ou de liberté. Souvent, elles se « mentent à elles-mêmes » de sorte que leur inconscient refuse une réalité, partiellement reconnue par la conscience, en se détournant de la matérialité de l'acte. Elles recherchent une échappatoire loin de la réalité pour tenter d'aller mieux. Pour finir, ces femmes qui témoignent peuvent en venir à se dévaloriser, car elles pensent qu'elles n'ont pas été capables en fait de *poser un acte libre et responsable.*

C'est là, le grand paradoxe de cette liberté qui leur est donnée de faire un avortement sans aucune mise en garde, ni entrave ou dissuasion forte : Cette liberté les conduit en fait à accomplir *un acte psychologiquement assujettissant.* Un acte qui les atteint dans leur dignité de femme. Elles éprouvent souvent un sentiment de profonde injustice par rapport à l'homme qui lui, par sa nature, ne vit pas l'IVG dans son corps et son esprit. On touche ici du doigt une contradiction majeure du discours sur l'égalité homme/femme dans ce domaine.

Un jour, Jennifer m'écrit :

> Ma sœur a subi une IVG il y a quelques mois. Depuis, je sais qu'elle ne va pas bien. Elle est allée consulter une psychologue, mais ça ne suffit pas, car parfois elle me raconte ce qu'elle ressent. Elle dit qu'elle n'avait pas le droit de choisir le jour de la mort de son bébé, qu'elle a préféré son confort avant la vie de cet enfant… En plus le papa est un enfoiré de première qui l'a quittée 2 semaines après, après 3 ans de

> relation. J'essaye de la faire déculpabiliser en lui disant qu'elle est jeune, célibataire et en bonne santé, que des enfants, elle a le temps d'en faire, et cette fois avec le bon mec. Mais ça ne change rien. Je ne sais plus quoi faire. Merci pour vos réponses.

Je lui ai répondu que les psychologues n'avaient pas de « recettes » particulières pour *déculpabiliser* les femmes en souffrance, que sa sœur devait accomplir un chemin de guérison qui lui serait personnel, qu'elle pouvait être aidée par des groupes de parole, que cela risquait d'être long, etc. Je lui ai dit ensuite qu'elle ne devait pas mentir à sa sœur, en niant la réalité comme le fait qu'une vie humaine a habité le corps de sa sœur. Car l'origine de son mal-être devait être recherchée dans cette cruelle mais nécessaire vérité. Sans doute personne ne lui avait dit *avant* de l'accomplir que cet acte n'était pas dans la nature des choses ! Le silence qu'elle a subi est en fait profondément injuste car dans notre société habituée de plus en plus à la « transparence », un discours vrai sur l'IVG aurait été pour elle (et pour tant d'autres...) indispensable et peut-être salvateur. Or, il est devenu, hélas, très difficile d'émettre même une petite objection sur cet acte en raison de la pression culturelle qui nous environne. Trop de femmes nous disent : « Si j'avais su ! », « Mais pourquoi ne m'a-t-on pas prévenue ? »

Après avoir été, au début de mon activité, il y a dix ans, assez confiante sur les différentes approches de guérison du mal-être post-abortif, je suis devenue plus prudente sur certains cas qui semblent « insoutenables ». Ainsi, Céline, après avoir témoigné sur les circonstances de son IVG, fait ce terrible constat :

> « Cette IVG a été un véritable drame pour moi. J'ai donné un prénom à mon bébé pour atténuer le mal et faire un deuil. Mais rien n'y fait. La douleur est surpuissante ».

Et pourtant, on nous reproche régulièrement de présenter des témoignages de femmes en grande souffrance. Par exemple, Clémence nous a écrit un jour : « Vous faites culpabiliser les femmes qui souhaitent avorter et vous ne leur rappelez pas l'importance du droit à l'IVG et les avantages qu'il est possible d'en tirer ! » Je lui ai dit que beaucoup de gens se chargeaient déjà d'exalter ce droit, qu'il n'était pas utile d'en rajouter, que nous ne culpabilisons personne car, hélas, les femmes se culpabilisent toutes seules et qu'enfin c'était souvent *après* l'IVG que nous étions sollicitées quand c'est déjà trop tard ! Je lui ai rappelé que notre rôle était d'informer les femmes en totalité, sans occulter les problèmes, sans les prendre pour des idiotes. Quand nous leur demandons simplement « Avez-vous bien mesuré les conséquences de ce que vous envisagez de faire ? », « Est-ce vraiment votre choix ? N'est-ce pas plutôt celui de votre copain ? »… comment ferions-nous de la « culpabilisation » ou des « pressions » ?

La négation généralisée des souffrances liées à l'IVG empêche celle qui s'y livre de comprendre « en vérité » l'acte commis et par suite de faire une démarche de guérison. Pour atténuer son mal-être la femme aurait intérêt à faire en sorte d'assumer son acte. Aussi, lorsqu'une femme veut à tout prix faire un déni d'avortement, elle retarde d'une certaine façon la recherche de la cause de son mal-être qu'elle ne fait que déplorer. Elle retarde ainsi les démarches qui pourraient aboutir à rechercher une voie de guérison psychique ou de paix intérieure.

Un jour, Alexandra nous a écrit le message suivant :

> Si je vois encore une fois une de votre publicité sur mon fil d'actualités (de Facebook), je porte plainte pour harcèlement. Sérieux ! Ces témoignages qui dégradent et humilient ces femmes ! Elles sont déjà assez détruites comme ça par leur choix, cela suffit ! C'est trop, il faut arrêter. Je suis déjà mal comme ça ! Je n'ai pas besoin tous les jours de repenser à cela à cause de vos publications à deux balles. Si cela continue comme cela, ce harcèlement, je vais vite tomber dans la dépression. Là, je n'en peux plus.

Alexandra exprime ici tout le drame personnel de son IVG qu'elle continue de mal supporter par des mots très forts (« Je suis déjà mal, [...] je suis assez détruite, je n'en peux plus »). Aussi, elle voudrait refouler sa culpabilité au plus profond d'elle-même. Elle a sans doute été trahie par son conjoint, son ami. Une situation « banale » et fréquente en quelque sorte. Elle a conscience de la gravité de ce qui s'est passé puisqu'elle en souffre mais elle voudrait surtout l'oublier. Aussi, par une curieuse conjonction, dans sa colère et son désespoir, elle voudrait surtout dénier aux autres le droit d'exprimer la même souffrance qu'elle-même subit fréquemment lorsqu'elle y repense. Elle ne supporte même pas l'évocation de cet épisode dramatique de sa vie. Exprimer sa souffrance reviendrait, selon elle, à « s'humilier » ou à humilier l'autre. D'où sa grande violence à l'encontre de celles qui expriment leur mal-être, et bien sûr de nous qui sommes les porte-parole d'une douleur et d'une réalité qu'il serait, selon elle, de bon ton de taire ! Elle voudrait nous dénier le droit d'informer sur cette fréquente souffrance.

Elle souhaiterait entendre un discours déculpabilisant, voire infantilisant qui, pense-elle, la rassurerait. Mais le message qu'elle désire recevoir serait faux et ne ferait que refouler davantage un mal-être qui ne demande qu'à resurgir au cours du temps.

La justification de l'acte est pourtant encore considérée comme l'étape par laquelle il faut passer pour apaiser la culpabilité. Certains professionnels de santé pensent qu'il suffit de dire à une femme « Vous aviez de bonnes raisons de faire cette IVG » ou bien « Ce n'était pas un être humain, mais un amas de cellules » pour que la culpabilité s'amoindrisse. Aussi, il n'est pas étonnant de voir que ceux qui, comme nous, font une information complète et franche sur les risques de l'IVG, sont accusés très logiquement de « culpabiliser » les femmes.

Les témoignages que nous recevons montrent pourtant que les propos déculpabilisants ne permettent souvent pas de dissiper le mal-être profond qui envahit la femme au plus profond d'elle-même, comme c'est le cas de Sophie (20 ans) :

> Je souhaite raconter mon histoire non pas pour influencer votre choix mais pour vous ouvrir les yeux sur certaines phases de l'IVG. Tout a commencé il y a deux ans et demi. À l'époque, j'avais 17 ans, j'étais en deuxième année de CAP coiffure et je venais de rencontrer mon premier amour.
>
> Tout se passait bien lorsqu'un retard des règles est survenu. J'étais sous pilule depuis 5 jours mais personne ne m'avait vraiment expliqué que l'on était « protégé » qu'une semaine après la première prise. Ce qui devait arriver, arriva : Enceinte de 5 semaines d'après l'écho. J'ai mis tout de suite au courant

mon copain qui voulait le garder. Ma mère, elle, a directement pensé à l'avortement sans savoir ce que je pensais vraiment. Puis les rendez-vous furent pris soigneusement par ma mère qui ne me laissa pas le choix de réfléchir. Premier rendez-vous avec le psy, puis l'écho, puis le fameux moment de la première prise de médicament. Le plus dur selon moi. Deux petites pastilles blanches qui vous changent totalement la vie. L'IVG s'est mal passée avec hémorragie. Mon copain m'abandonna et rentra à l'île de la Réunion. Ma famille ne me donnait aucun soutien. J'étais anéantie, vidée, trahie par ma vulnérabilité de jeune adolescente et par ce gros chagrin d'amour.

Les mois s'écoulent avec mon mal-être grandissant. Je suis dans un trou noir à penser tous les jours à ce petit bébé que j'ai « tué ». Personne ne comprend mes réactions et c'est en lisant sur Internet que j'ai compris que je faisais un « syndrome post-IVG ». Cette histoire m'a empêché d'avoir une adolescence épanouie, d'être heureuse. Je me cache sous des sourires mais mon mal-être est toujours là. Puis les jours, les années passent et mon bébé est toujours dans la tête. Je vous jure : pas une journée sans penser à cette IVG et à ce jour qui a détruit ma jeunesse.

Émilie (23 ans) a déjà fait une IVG très douloureuse à 21 ans, mais elle a pourtant recommencé :

J'ai 23 ans, j'ai subi une première IVG à 21 ans. N'étant pas très bien réglée parfois, je n'ai osé faire un test de grossesse qu'après 2 mois. Le test, je l'avais fait un peu à la légère me disant que ce n'était pas possible que je sois enceinte… C'était un après-midi, à l'Université puisqu'à l'époque j'étais encore étudiante. Positif. Je suis surprise, contente, ravie, et puis c'est la peur, retour à la réalité. J'envoie de suite un texto à mon copain pour l'avertir qu'il faut qu'on se parle au plus vite. Ça faisait déjà 3 ans qu'on était ensemble. Je ne doutais pas de notre couple mais de notre capacité à élever ce bébé avec notre âge. Il est ravi et veut le garder mais j'hésite, j'habite toujours chez mes parents, j'ai peur du qu'en-dira-t-on ? Malheureusement, je n'ai pas beaucoup de temps pour me décider car je suis enceinte de 2 mois déjà... Je prends rendez-vous chez le médecin. Je lui explique que « je ne sais pas encore si je vais le garder », il me dit de faire au plus vite car après ce sera trop tard pour l'enlever. Je sors de là plus mal que jamais. Je suis triste c'est une partie de moi ce bébé. Son petit cœur bat déjà, il veut vivre. Pendant les semaines qui suivent, je fais le choix de ne pas le garder. À contrecœur, mes parents n'accepteraient jamais que leur fille ait été enceinte sous leur toit. Je déprime, je pleure toute la journée. Je me dis que je commets le plus horrible des actes. La date pour l'IVG est prise, mon bébé est « enlevé » de mon corps le 12 décembre 2012. L'année qui suit, je ne fais que ressasser les souvenirs. Je le regarde sur les échographies. Je m'endors en pleurant et je me réveille de la même manière. Je ne veux plus vivre. J'ai des idées noires, je veux partir pour me libérer et pour rejoindre le petit être dont je devais prendre soin. J'étais sa mère, celle qui était censée l'aimer le plus au monde. J'ai commencé à intégrer l'idée après cette année-là mais toujours avec difficulté.

Aujourd'hui, j'ai 23 ans et j'ai subi mon deuxième IVG la semaine dernière, toujours pour les mêmes raisons. Ma famille ne serait pas d'accord que je garde le bébé. Je m'en veux. Mon copain avec qui je suis maintenant depuis

> presque 5 ans m'en veut aussi. Pour mes bébés, personne ne m'a accompagné aux échographies, puisque mon seul confident, mon copain, travaillait. J'étais seule à tout gérer, j'étais si seule au fond. Je ne comprends pas comment j'ai pu faire la même erreur 2 fois ! J'étais tellement anéantie la 1re fois et je m'étais juré de ne plus jamais avorter. Je subis tellement de pression psychologique avec ma mère que j'ai peur de lui parler des bébés que je portais. Elle n'aurait pas compris que je veuille le garder et m'aurait traitée de tous les noms d'autant qu'elle ne veut pas que je sois avec celui que j'aime. Aujourd'hui, je me torture tous les jours en pensant à eux. Ils me manquent, mes amours, mes petits trésors que j'aime à la vie, à la mort.

Le sentiment de la mort est fortement présent dans les témoignages que nous recevons spontanément. Des expressions comme, « je l'ai tué », « je suis une criminelle » reviennent souvent dans les termes utilisés par les femmes. Rien ne semble pourtant prédisposer les femmes à user de cette terminologie. Les médecins ou les psychologues même les plus opposés à l'IVG, n'utilisent jamais cette terminologie péjorative. Aussi, le cri de Claire (33 ans) est à cet égard étonnant :

> Je peux dire qu'aujourd'hui je suis une mère criminelle avec la complicité de l'État ! En février 2012, j'apprends que je suis enceinte de 5 semaines.
>
> J'ai à l'époque une petite fille de 3 ans (5 ans aujourd'hui). Je suis en difficulté financière. Mon conjoint et moi-même nous ne nous en sortons pas. Dettes, factures qui s'accumulent, huissiers.

> Je pense à l'IVG par peur de ne pouvoir élever cet enfant dans de bonnes conditions. Je ferai donc cette IVG courant février 2012. J'ai senti mon bébé mourir…
> Ma vie est devenue un enfer depuis que j'ai commis l'irréparable. Rien ne remplace la perte d'un enfant. C'est le vide. De plus ma décision a été égoïste car je prive ma fille d'un petit frère ou d'une petite sœur. Des moments de bonheur brisés à jamais. Mon couple a volé en éclat. Et aujourd'hui je tente de me reconstruire seule avec ma fille.
> C'est une souffrance, un fardeau que je porte chaque jour.
> Ne faites pas comme moi ! Un œuf, un embryon, un « amas de cellules » reste avant tout notre bébé, notre enfant.
> À l'hôpital rien n'est fait pour nous en dissuader… Notre futur bébé n'est qu'un « objet » vivant et l'on décide pour lui SA VIE ou SA MORT ! C'est horrible ! Si ma mère (ou la vôtre) avait procédé de la même manière que moi, si elle m'avait tuée étant embryon, je ne serais pas là et vous non plus…

Saphira (20 ans) exprime, elle aussi, sans détours ses sentiments :

> Je suis âgée de 20 ans. J'ai subi une IVG par aspiration le 22 octobre 2014 et je peux déjà vous dire que j'en souffre énormément. J'ai subi cette IVG sous la pression de mes parents. Au début je leur tenais tête quand j'étais à 1 mois de grossesse. J'ai tenu jusqu'à 2 mois de grossesse. J'ai craqué et cédé à leur chantage émotionnel, affectif et financier lorsque j'ai appris que ma mère faisait une dépression par ma faute. Sachant qu'elle a une santé fragile, je ne voulais pas mettre sa vie en danger. Je suis donc allée à l'hôpital sans réflexion.

Tout a été fait en 3 jours. Je n'étais pas en couple avec le père d'origine africaine. Je me qualifie depuis cet acte d'enfant soumise. C'est le cas étant la seule fille de mes parents, je me suis toujours pliée à leurs exigences sans donner mon avis car pour moi je n'avais pas le droit. Cet enfant je l'aimais et je voulais le garder. Vous me direz que si je l'aimais comme je prétends, je l'aurais gardé. Oui c'est vrai, mais n'étant pas financièrement indépendante sur le coup, je ne sais ce que j'aurais pu faire. Mais plus tard, je savais ou du moins j'y réfléchissais. Aujourd'hui, je suis en pleine déprime. Je ne vois plus l'intérêt de continuer mes études. À la vue d'un bébé ou d'une femme enceinte, je pleure peu importe où je me trouve. Je ne sors plus, sauf en cas de nécessité importante. Je ne dors plus car je fais des cauchemars. Je ne mange plus et j'y pense sans arrêt. Je m'en veux énormément d'avoir commis cet acte horrible. Je déteste et je hais toutes ces personnes qui m'ont poussée à le faire et, le pire, c'est que je déteste le monstre que je suis. Cet enfant ! Mon enfant avait juste besoin d'une vie et je n'ai pas su lui offrir. À quoi me sert donc la mienne ? Je voudrais mettre fin à mes jours pour pouvoir enfin mettre fin à cette douleur mais je ne peux pas ou du moins je n'y arrive pas. Je souhaite une chose c'est qu'on me rende « mon bébé ». Je traverse cette épreuve seule car je n'ai personne près de moi. Mes soi-disant amis, je les ai mis de côté car je pense qu'ils ne me servent à rien. Le peu de personnes qui savaient que j'allai avorter, je leur en veux car ils ne m'ont pas retenue. J'ai lu qu'une IVG par aspiration pouvait rater. Alors tous les soirs, je prie pour que ce miracle m'arrive. Je veux juste qu'on me rende mon enfant et rien d'autre. J'ai besoin de lui pour retrouver cette fille que j'étais avant. J'ai des états dépressifs depuis déjà un an après une

rupture douloureuse et cet acte que j'ai fait ajoute encore à ma douleur. Je ne sais pas si en parler me fera du bien. Je ne le crois pas. Je sais juste que chaque larme qui glisse sur les joues me rappelle que je suis un monstre. Si je n'ai pas su (ou pu) me battre pour lui alors quel est l'intérêt de ma vie ? Je voudrais juste qu'on me rende mon bébé. Et je ferais tout pour lui, me battre pour le protéger.
Je me doute un peu de ce que vous allez me dire si vous me répondez. Vous me direz qu'on ne peut pas revenir en arrière, ce qui est fait est fait et que je dois me forcer à passer à autre chose et à surmonter cette épreuve. « Si tu as besoin de parler, je serai là pour t'écouter et pour te soutenir ». Beaucoup m'ont dit cela, mais personne ne m'a retenue lorsque je leur ai « donné mon bébé » car oui, je leur ai « donné » mon bébé. Par ma signature, je leur ai donné l'autorisation de me prendre mon bébé. Je crois que je ne serais plus jamais comme j'étais. On me dit que « ça passera ». À l'hôpital, on m'a dit que « cela passerait » et que « ce serait vite oublié ». Je ne veux pas oublier ce que j'ai fait. Je suis aujourd'hui un corps sans âme qui déambule dans cette vie parce qu'il le faut et non parce que je le veux. Je voudrais leur dire à tous que je les hais. Surtout à ma famille qui m'a poussé à le faire car sans eux je n'en serais pas là. Si je n'étais pas une enfant soumise et si je ne dépendais pas d'eux je n'en serais pas là. Je serais avec mon enfant en moi. Désormais je n'ai plus aucun principe. Je lui ai donné la vie, mais je n'ai pas tenu ma promesse.

Pour Mélissa (23 ans), la douleur est toujours là, cinq ans après :

Je n'arrive pas à croire que je vais parler de ce qui m'est arrivé. Aujourd'hui j'ai 23 ans. J'ai avorté il y a cinq ans et j'avais 18 ans.
Malgré ma majorité, personne ne m'a laissé le choix. À l'époque, j'étais avec mon copain depuis quelques mois, à peine six. Aujourd'hui, nous sommes toujours ensemble depuis bientôt 6 ans mais cet « événement » me ronge, me détruit de l'intérieur depuis des années.
Je suis tombée enceinte et j'ai avorté juste avant de passer mon bac, que j'ai raté bien sûr car je n'étais plus que l'ombre de moi-même. Je n'arrivais pas à croire ce qui m'arrivait. Ma mère a gardé la tête sur les épaules. Et je ne lui en veux pas de m'avoir fait faire cet acte. J'étais jeune et immature mais j'en souffre encore aujourd'hui. Je me rappelle cette table d'opération froide, de ce couloir où ils m'ont déposée en attendant « mon tour » car nous étions plusieurs filles à attendre. L'infirmière qui m'a posé ma perfusion a été très douce et très gentille. Je ne peux pas en dire autant du chirurgien. Sans cœur, sans âme, difficile de croire qu'il peut faire ça toute la journée sans penser à notre douleur. J'ai l'impression d'être vide, creuse, inutile. Je n'en ai jamais parlé à personne. Je ne peux pas ! Même pas vous appeler, car j'ai trop honte. Aujourd'hui mon copain et moi allons faire construire une maison et il pense à une vie de famille car nous avons une bonne situation... Mais je ne peux pas ! Je ne peux pas penser à faire un autre enfant alors que sûrement je n'ai pas encore fait le deuil du premier. Je suis perdue, anéantie.

Le terme « mort » est utilisé aussi pour décrire ce qui a été « tué » dans la psyché de la femme. Ainsi l'actrice Macha

Méril a écrit un livre autobiographique[1] qu'elle n'a pas hésité à intituler : *Un jour, je suis morte.* Elle y parle de son avortement à 17 ans et de ses vaines tentatives, ensuite, pour avoir un enfant. Elle dévoile ici sa part d'ombre, son combat contre sa stérilité, avec une profonde et émouvante lucidité. « Un jour, je suis morte. J'ai eu du mal à m'en remettre. Je ne m'en remets pas, en vérité. » Ce souvenir qu'on ne peut effacer c'est également ce dont témoigne l'animatrice TV Capucine Anav qui a avorté par voie médicamenteuse.

> « Cela a l'air simple comme ça mais c'est loin de l'être. C'est d'abord une douleur physique, comme si on pressait, tordait essorait votre bas-ventre. Et puis la douleur devient morale, c'est une question que vous gardez toute votre vie : "Est-ce que j'ai bien fait ? Est-ce que c'était vraiment la seule option[2] ?" »

Le besoin de « faire un deuil » revient souvent dans l'expression des femmes qui témoignent. C'est souvent la même terminologie qui est employée quand il est question de fausse couche ou quand la femme parle d'IVG. Le deuil fait suite en général à la perte d'un être cher qu'on a aimé ou admiré. La mort est acceptée comme un processus naturel. Dans le cas de l'IVG, l'embryon, en principe, ne devrait pas faire l'objet de tels sentiments puisqu'il a été très rapidement « rejeté ». La suppression de l'embryon ou du fœtus a, de plus, été volontaire contrairement à une fausse couche « classique ». Il est donc paradoxal de vouloir faire le « deuil » de cet embryon. C'est pourquoi, dans le cas de

1. *Un jour, je suis morte*, Albin Michel, 2007.
2. Dans son livre *Authentique,* Hugo Doc, 2018.

l'avortement, beaucoup de femmes parlent d'un deuil difficile voire impossible à faire. Comme Sylvie (28 ans) qui nous dit :

> « Quatre mois après mon IVG, je n'ai toujours pas fait le deuil. Je regrette tellement et personne ne comprend ma détresse. Même ma meilleure amie ne me comprend pas. Je me sens seule face à mon mal-être ».

Il en est de même pour Élodie (39 ans) qui nous écrit :

> Le deuil est très dur, après 8 ans je ne l'ai toujours pas fait ! Pour moi j'ai tué mon bébé ! Je ne sais pas si j'y arriverai, j'ai pourtant eu la chance d'avoir 2 merveilleux enfants, mais malgré cela je ne peux pas l'oublier... Il y a des images qui restent gravées. Faire le deuil, je ne demande que ça, mais quand la culpabilité et les regrets sont là, c'est impossible...

Le syndrome post-IVG

Ces femmes qui ont vécu une IVG peuvent faire l'expérience d'une souffrance « silencieuse » comme un « vide ». Après le premier « soulagement » s'installe souvent un indescriptible malaise, une impression de vide et culpabilité. Et le syndrome peut apparaître des années après. Elles voudraient en parler pour se soulager d'un fardeau, pour apaiser leur colère, et faire comme un processus de deuil. Toutefois, elles rencontrent rarement des occasions d'exprimer leur mal-être. Elles pensent que les « autres femmes » qui ont fait comme elle un avortement vont bien. Elles ne pensent pas à attribuer spontanément leur mal-être à leur IVG et font comme un déni. Le contexte sociologique dans nos pays occidentaux ne favorise pas l'externalisation des sentiments quand les femmes reçoivent des messages comme : « N'en parlez pas. N'y pensez pas. Sortez de cet état. Continuez à vivre ». En fait, elles se battent contre les conséquences de leur avortement, *toutes seules*. Ce déni semble les aider à vivre une souffrance au présent mais provoque comme une fermeture sur elles-mêmes. Elles tentent de développer des mécanismes de défense mais tôt ou tard, elles devront accepter et faire un deuil d'une manière saine.

Les discours rassurants et déculpabilisants sont souvent sans effet sur la douleur de ces femmes que nous écoutons car la culpabilité est un sentiment qui se développe par le fait d'avoir réalisé quelque chose que l'on pense être « mal ». Elles peuvent aussi culpabiliser par une omission, par le fait d'avoir omis une action qu'elles pensent être « normale » comme : « Je n'ai pas su défendre mon bébé ». Ce sentiment présent au fond de la conscience très intime de ces femmes ne peut pas donc s'estomper par des propos simplement consolants. Elles doivent elles-mêmes regarder les faits en face pour rechercher avec l'aide, par exemple de groupe de parole, les voies de l'apaisement de leur conscience. Cela passe aussi par le pardon donné à soi-même, au conjoint qui n'a pas été écouté ou au contraire a fait pression sur elles pour avorter et au bébé qu'elles n'ont pas pu protéger.

Le syndrome post-IVG (SPI) est le nom que l'on peut donner à la souffrance dont un bon nombre de ces femmes que nous avons écoutées font l'expérience après leur avortement. Cette réaction peut survenir à tout moment, rapidement après l'intervention ou bien des années plus tard. Toutes ces femmes ne ressentent pas les mêmes symptômes, certaines n'en ressentent que quelques-uns ; d'autres se reconnaissent dans beaucoup dont voici les plus spécifiques :

- Syndrome de la date anniversaire (Les symptômes augmentent aux alentours des dates anniversaires : celui de l'avortement et celui de la date de naissance supposée de l'enfant avorté) ;
- Angoisse d'infertilité ;
- Comportements d'évitement (évitement de toute personne, ou situation, par exemple des amies enceintes, des jeunes enfants, des examens gynécologiques, etc., susceptibles de déclencher un souvenir lié à l'avortement) ;
- Difficultés à entretenir des liens d'affection avec ses propres enfants ;
- Fort besoin de retomber rapidement enceinte (tentative de « remplacer » le bébé avorté) ;
- Troubles sexuels (difficultés à vivre harmonieusement sa sexualité) ;
- Pleurs fréquents et non contrôlables ;
- Colère (fréquemment généralisée, ou bien visant spécifiquement les personnes impliquées dans l'IVG) ;
- Anxiété (diffuse, ou bien sous la forme de crise de panique) ;
- Déni ou refoulement (« refoulement » d'émotions insupportables) ;
- Dépression, troubles du sommeil ;
- Détérioration de la représentation qu'a la femme d'elle-même (estime de soi, image de soi) ;
- Perturbations des relations humaines (difficultés accrues d'avoir des relations sociales avec les amis et la famille) ;

- Souffrance inexpliquée.

Notre expérience nous a montré que certaines femmes courent plus de risques que d'autres de développer les symptômes du SPI : les adolescentes, les femmes qui ont déjà des enfants, les femmes qui subissent un avortement au cours du second trimestre, les femmes qui se sentent sous pression à cause des circonstances, et les femmes qui sont en conflit avec leurs valeurs éthiques.

Le premier groupe de femmes à risques nous semble être les adolescentes. Car le monde d'une adolescente ne lui permet pas d'explorer en profondeur la signification de l'avortement, et l'impact que cet événement aura sur sa vie future. Elle n'a pas encore pris conscience que ses décisions de jeunesse l'affecteront peut-être profondément par la suite.

Le second groupe de femmes à risques auquel nous avons été confrontées est celui de celles qui ont déjà eu des enfants avant de faire le choix de l'avortement. Il y a autant de raisons de faire ce choix qu'il y a de femmes. Comme la plupart des mères, ces femmes aiment leurs enfants, en prennent soin et les protègent. Cet instinct naturel qui les pousse à protéger leurs petits, en fait, devient une écharde dans la chair des mères qui avortent. Le besoin qu'elles ressentent de faire le deuil de leur perte affleure presque à la surface de leur esprit.

Le troisième groupe des femmes à risque parmi nos « écoutées » sont ces femmes qui envisagent une IVG au deuxième ou troisième trimestre de la grossesse. Les facteurs qui rendent l'avortement si difficile pour ces femmes sont l'état avancé du développement du fœtus, les augmentations des risques de complication médicale pour la mère, ainsi que la possibilité qu'elle voit l'enfant avorté mort ou bien donnant quelques signes de vie même pendant un court instant. (La femme doit expulser le fœtus comme pour un accouchement et n'est donc pas nécessairement endormie.)

Beaucoup de ces femmes subissent des pressions les poussant à l'avortement. Ce groupe constitue le quatrième des femmes à risque. Nous entendons trop souvent ces paroles : « Ce sont mes parents qui ont voulu que j'avorte », « Mon ami m'a dit que ce serait fini entre nous si je n'avortais pas », « Je ne voulais pas avorter mais je ne pouvais matériellement pas avoir un autre enfant », « Quand j'ai découvert que j'étais enceinte, j'étais vraiment heureuse, mais ensuite tout s'est effondré. Je n'ai pas eu le choix ».

Le cinquième groupe de femmes aux prises avec le SPI, ce sont celles qui sont en conflit avec leur système de valeurs. Notre système de valeurs est structuré par notre famille, notre culture, notre religion. Choisir d'avorter, est pour certaines un acte en opposition avec leur forte éthique de vie. Quand ces femmes se trouvent en conflit avec leur système de valeur, le combat n'en est que plus difficile quand il s'agit de trouver une solution pour vivre avec ces émotions et cette perte.

Chapitre II

La loi du silence

Actuellement, il semble difficile dans notre société qu'une femme puisse exprimer à son entourage ou publiquement sa douleur post-avortement car cela tend à devenir un « interdit social », un nouveau tabou. Nous constatons comme une forme de loi du silence. Les médecins et même les conjoints sont peu à l'écoute et sont peu réceptifs à la souffrance des femmes après l'IVG, qui est souvent vécue dans la solitude. On pourrait dire sans emphase que ce silence devient assourdissant.

Ce constat a d'ailleurs fait l'objet d'une tribune du professeur Nisand, avec le Dr Brigitte Letombe et la psychanalyste Sophie Marinopoulos, parue en mars 2012 dans le journal *Libération* où il est dit :

> Nous, cliniciens favorables aux droits des femmes à interrompre une grossesse et à avoir une sexualité sans risque de grossesse non voulue, nous n'acceptons pas pour autant la banalisation de l'IVG. [...] Nous proposons de ne plus ignorer les difficultés psychiques des femmes qui ont subi une IVG et de tout faire pour prévenir cet événement d'autant plus indésirable qu'il se produit tôt dans la vie des femmes.

> Nous ne pouvons pas laisser dire que les femmes qui y ont recours ne sont pas marquées, d'une façon ou d'une autre, par cette expérience. Nous voyons chaque jour dans nos consultations des femmes qui nous disent leur souffrance psychologique et leur mal-être parfois de nombreuses années après, alors qu'elles auraient pu « cocher » lors d'un sondage que « tout allait bien ».

Le corps médical est comme tétanisé par cette problématique. Nombreux sont les médecins qui pensent que faire une action de « dissuasion » est répréhensible par la loi. Aucune parole même de nature professionnelle n'ose être dite. Il y a comme une autocensure permanente sur ce sujet alors qu'il est du devoir du médecin d'informer le patient de tous les risques que peut avoir un traitement médical ou une opération.

Valérie (37 ans, sans enfant) m'explique au téléphone qu'elle a déjà fait 5 IVG dans sa vie. Elle est à nouveau enceinte et s'interroge pour sa fécondité future. Elle est tentée par une nouvelle IVG car « ce n'est pas le bon moment ». Elle est en reconversion professionnelle et ne s'entend pas très bien avec son compagnon. Mais elle hésite et commence à avoir des inquiétudes. Elle interroge donc son gynécologue sur sa crainte et ainsi lui demande un vrai conseil. Le médecin fait alors une réponse incroyable : « Je ne peux pas vous répondre car je suis neutre, je ne veux pas vous influencer ». Cette réponse, presque caricaturale, la choque. Elle est aussi révélatrice de la perte de courage (et de bon sens !) du corps médical qui se transforme de plus en plus en technicien du corps ou comme exécuteur passif de la volonté du patient. Son médecin n'a pas compris – ou voulu comprendre – son questionnement. L'implication personnelle du médecin, sa liberté de conseil et de prescription, sa conscience sont auto-étouffées sans aucune raison alors que l'article 8 du Code de déontologie médicale stipule que « *le* médecin est libre de ses prescriptions qui seront celles qu'il estime les plus appropriées en la circonstance ».

Il était évident que pour Valérie, compte tenu de son âge et ses antécédents d'avortements, une parole dissuasive aurait bien sûr été nécessaire sur un plan strictement médical. Je lui ai alors expliqué que la fécondité commençait à diminuer fortement chez toutes les femmes à l'approche des 40 ans et qu'elle devait savoir que la probabilité pour qu'elle ne puisse plus être enceinte jusqu'au terme normal des 9 mois était assez sensible ! Je lui ai rappelé que ses organes génitaux étaient fragilisés et ainsi que le risque de fausse couche ou de stérilité augmentait. En plus, elle vivait mal psychologiquement ces IVG successives. Je lui ai donc suggéré de renoncer à son projet. C'était exactement les paroles d'encouragement qu'elle voulait entendre au fond d'elle-même, dans son cœur de mère et de femme ! Elle décida alors à la suite de mes conseils de « garder le bébé »…

Nadège (29 ans) nous livre son mal-être et se demande pourquoi on ne l'a pas dissuadée de faire l'IVG. Elle dit même : « Personne ne m'a empêché ! ». Pourquoi le médecin ne lui a-t-il même pas laissé les 7 jours de réflexion qu'il avait pourtant l'obligation de respecter ?

> J'ai avorté il y a 6 ans. Je débutais une relation amoureuse qui se passait plutôt bien et je suis tombée enceinte. J'ai pris la décision d'avorter seule, ne sachant pas si cet homme serait le

bon. Mon ami ne m'a pas empêché de le faire. À l'époque ma conception de la vie était de faire des enfants lorsqu'on est sûre de son couple bien solide. Nous nous sommes séparés 2 ans après. Aujourd'hui, j'ai 29 ans et je n'arrive plus à vivre bien. J'en pleure dès que je me retrouve seule. J'ai des idées noires comme l'envie de rejoindre mon bébé ! J'ai l'impression de ne pas avoir le droit d'être un jour mère. Je me répète que j'ai tué mon bébé ! Ces mots résonnent dans ma tête. C'est horrible. Je suis avec un homme depuis quelques années qui est plus vieux que moi et qui a deux filles. Il n'éprouve pas le besoin de refaire un enfant et nous n'en parlons pas car ce sujet a déjà fragilisé notre couple. Lors de ces moments, il me disait « Je sais bien que si je veux te garder, il faudrait que je te fasse un enfant »… phrase odieuse quand j'y pense. Aujourd'hui nous n'en parlons jamais. J'ai peur de la vérité. Au fond, je lui en veux et surtout je m'en veux. J'ai l'impression d'avoir raté ma vie et de n'avoir aucune issue… aucun moyen de revenir en arrière. Mes larmes coulent en ce moment et je n'arrive pas à m'arrêter comme souvent. Je ne parle à personne de ce mal-être, ni à mes amies, ni à ma famille, ni à mon ami. D'ailleurs personne ne m'en parle alors que certains sont au courant. Parfois, je voudrais en parler, pleurer, que quelqu'un engage la conversation, mais non. J'ai un sentiment de honte qui grandit avec les années. À l'époque personne ne m'a empêché de faire ça. Je suis allée voir un gynécologue qui m'a prescrit tout de suite les médicaments sans me laisser de délais et le soir même c'était fini…

Sylvie (30 ans) a été sur le point d'avorter et pratiquement incitée par son médecin qui n'a pas du tout pris en compte son ambivalence.

> J'ai un rendez-vous demain à 10 heures 15 pour l'IVG, mais je ne vais pas y aller. En lisant des témoignages, j'ai pris conscience des répercussions psychologiques non négligeables sur les femmes. J'ai peur de regretter mon acte par la suite, et de refaire une dépression. Je me dis que si ça ne va pas avec mon copain, je suis prête à le quitter ! Au moins j'aurai mon bébé. D'autant que je vais avoir 30 ans l'année prochaine, cela me paraît risqué si après je n'arrive plus à en avoir... Je vais changer de gynécologue car le contact n'était pas bon. Elle m'a « expédiée » en complétant le formulaire IVG alors que je lui expliquais que j'étais simplement dans le doute. Elle ne m'a plus donné d'autres rendez-vous de suivi considérant que ma grossesse était terminée.

Édith (41 ans), elle aussi, a été poussée à avorter malgré son ambivalence et ses hésitations :

> Je viens d'avoir une grossesse surprise à 41 ans et, ne sachant trop que faire, j'appelle un gynéco pour demander une IVG, mais cette décision n'est qu'incertaine puisque je réalise à peine ma grossesse. Rendez-vous le lendemain (rapide non ?) Là, le gynécologue me dit : « Il faut faire ça la semaine prochaine », donc il me dit « on va antidater le dossier pour être dans les temps », alors que je ne suis qu'à 5 semaines et demie d'aménorrhée. Et là le rendez-vous est pris pour le lundi qui suit soit le 10 novembre 2014. Il me fait prendre 3 cachets de Mifegyne. Tout de suite, je regrette car j'ai passé le week-end à me dire : « Je le garde, je le garde pas ? ». J'ai un bébé de 11 mois, une fille de presque 20 ans et un frère ou une sœur aurait été très appréciable pour mon gros bébé. Arrivée chez moi, je me suis fait vomir tout ce que

j'avais dans le ventre, mais trop tard! Ce poison a eu un effet immédiat, j'ai perdu mon bébé le lendemain. Excusez-moi pour les détails morbides mais j'ai vécu l'horreur absolue. J'ai senti la perte de l'embryon comme « passer entre mes jambes », j'ai couru aux toilettes et là, j'ai vu la poche et une bande visqueuse: J'ai hurlé de chagrin. Je n'arrive plus à aller de l'avant depuis. Je saigne terriblement, à un point que je vais consulter lundi en urgence car je me vide littéralement... sans parler des crises de pleurs incessants. Bref, le but de ce p ost n'est pas de me plaindre car je n'aurais jamais dû faire cela. Le mal est fait et je vivrais avec ça toute ma vie. Je ne savais pas qu'il y avait un délai de réflexion de 8 jours obligatoire, sinon aujourd'hui j'entamerais ma 5ᵉ semaine de grossesse. Avorter n'est pas un geste anodin. Je pense qu'on a le poids de cette décision toute sa vie, et personne à qui se confier avec ce sentiment de honte, de perte d'estime de soi. Quant aux souffrances physiques, personnellement, je me dis que je n'ai qu'à souffrir en silence, je n'ai pas le droit de me plaindre.

Le corps médical fait souvent l'erreur de penser que la femme en demande d'IVG aujourd'hui *veut avorter* demain. Un médecin spécialiste de l'avortement (le Dr Winckler), et même « militant », avec qui j'ai eu un échange d'e-mails privés me donnait avec sincérité sa conception de l'IVG, qui n'est pas isolée:

Pour moi, une IVG, c'est un accident regrettable et évitable, parce qu'une grossesse non désirée peut être évitée par la contraception. De mon côté, pour prévenir les IVG, je me suis concentré sur la contraception et sur une information

sexuelle et psychologique aussi loyale (et scientifiquement valide) que possible. [...] Malheureusement, beaucoup de femmes n'ont pas accès aux méthodes de contraception, faute de médecins qui les aident à choisir la meilleure pour elles. Quand elles se retrouvent enceintes, elles sont partagées, en colère, ambivalentes, tout ce que vous voulez, mais le temps manque et elles prennent des décisions comme elles peuvent. Est-ce que certaines regrettent leur décision ? Certainement. Combien ? Je n'en sais rien. Personne n'en sait rien. La méthode que j'ai adoptée pour faire face à cette incertitude des femmes enceintes et en demande d'IVG, c'est :
- d'abord d'expliquer aux femmes que les accidents sont souvent dus à un manque d'accompagnement et d'information médicale ;
- ensuite que les accidents surviennent, parfois même quand elles ont pris toutes les précautions ;
- enfin qu'il n'y a pas de jugement à porter sur ce qu'elles décident de faire (je ne suis pas juge, je ne suis pas là pour les juger). Les femmes ne veulent pas qu'on leur dise de réfléchir, elles veulent qu'on les écoute, pour trouver elles-mêmes leur voie. Personnellement, je ne pousse jamais un patient, qu'il me parle de son cancer ou de sa grossesse. C'est la femme qui décide ou non de faire son IVG, sans y ajouter ma pression ou mes encouragements. C'est de son corps et de sa vie qu'il s'agit. Et à mes yeux, choisir d'interrompre une grossesse, ça n'est pas plus grave et plus lourd de conséquences que de choisir de la poursuivre. Moralement c'est pareil.

Ces affirmations sont problématiques à bien des égards :
- *Peu de femmes regrettent ?* Il y a de nombreuses études statistiques dans le monde sur le PTS (Post Traumatic

Stress) à la suite de l'IVG. Il est difficile de chiffrer la proportion de femmes qui regrettent mais elles sont nombreuses.

- *Les femmes n'ont pas besoin de conseils.* Comment peuvent-elles trouver elle-même leur voie si on ne leur parle pas spontanément des risques psychologiques et médicaux de l'IVG ?
- *La femme déciderait seule de faire une IVG.* En fait elle subit la pression de son entourage et souvent de son compagnon. Elle n'est donc pas vraiment libre. Le médecin ou le psychologue ne peut-il pas et ne doit-il pas même faire contrepoids et lui rappeler tout ce qui est « en jeu » ?
- *Les « accidents » de contraception sont dus au manque d'information.* Est-il cohérent de justifier l'IVG par l'échec de la contraception ? Et de dire que l'échec de la contraception serait dû à un défaut d'information alors qu'en France nous sommes assez surinformées sur la contraception ?
- *Il y a un faux parallèle fait entre interrompre et poursuivre une grossesse.* Quand le Dr Winckler dit « qu'interrompre une grossesse, ça n'est pas plus grave et plus lourd de conséquences que de choisir de la poursuivre », c'est la parole d'un théoricien et d'un homme qui n'a pas porté un enfant dans son corps et dans son cœur. C'est la parole d'un technicien qui voudrait ne faire que ce qu'on lui demande avec « neutralité ». Il est sans doute dans un univers idéologique où la valeur de la vie est assez relative. Mais il fait une équivalence entre le fait de *donner la vie* et de l'interrompre. L'expérience montre qu'indépendamment de toute considération

éthique, la femme sait distinguer et faire la différence existentielle entre poursuivre une grossesse et l'interrompre. Une grossesse est certes un *état*. Mais au-delà de cette « situation de grossesse », il y a l'embryon qui est bien là, qui est promesse de vie et vie humaine à part entière.

Quand un patient ne se préoccupe pas assez de sa santé, le médecin n'hésite pas à l'alerter car il considère que c'est de son devoir de médecin. Il l'exhorte à se soigner, à « faire » ou bien à « ne pas faire » quelque chose. Lui dire de « prendre tel médicament » ou bien « d'arrêter de fumer » est une forme de conseil qui n'a pas pour effet d'attenter à sa liberté. En fait, ce sont des conseils et des réconforts que souvent la patiente vient solliciter auprès de son médecin quand elle est dans les angoisses des premières semaines de la gestation. C'est lui qui a « l'expérience » et le recul du professionnel. Aussi pourquoi ne parle-t-il pas ? Pourquoi devrait-il se taire uniquement quand la question de l'avortement est envisagée ? On retrouve bien cette attitude dans ces expressions souvent entendues : « Ne tenez pas de propos culpabilisants ! », « Ne donnez pas de conseils car c'est une forme de pression ! », « Écoutez simplement, mais ne vous impliquez pas car les femmes doivent choisir par elles-mêmes ! », « Il n'y a pas de bonnes et de mauvaises solutions, etc. »

Noémie (32 ans) témoigne du « silence » de ses interlocuteurs à l'hôpital :

> J'ai malheureusement connu votre association trop tard. J'ai fait cette IVG pour mettre fin à une hésitation infernale.

Mon médecin généraliste et la conseillère (!) de l'hôpital m'ont incité à faire cette IVG parce qu'ils le voyaient comme LA solution. Pourtant la « conseillère » de l'hôpital où j'ai fait mon IVG a décelé chez moi un désir d'être mère mais comme je faisais une nouvelle formation d'ingénieure et que notre situation de couple n'était pas idéale, elle m'a donc poussé à l'IVG et me l'a proposé comme solution de facilité. À aucun moment, elle n'a évoqué les risques de conséquences psychologiques après une IVG ou une alternative à cette IVG. Si la conseillère pousse les filles à faire une IVG alors qu'elle voit en elles le désir d'être maman, mais alors, quand est-ce qu'elle ne leur conseille pas l'IVG ? J'aimerais la dénoncer. Mais comment ? C'est une bouchère. Je n'ai pas eu la chance de tomber sur un bon médecin qui m'aurait conseillé de poursuivre ma grossesse. Pourquoi n'aurait-on pas le droit de changer d'avis si on en a encore l'opportunité ? Et dès qu'on ne suit pas le troupeau, on nous jette des pierres. La 1re fois que j'ai annulé mon rendez-vous pour l'IVG, le médecin m'a en quelque sorte réprimandé ! Il m'a dit : « Mais c'est vous qui avez pris le rendez-vous et vous annulez ! ». Comme si c'était un choix facile... Il aurait dû être ravi que j'annule pour faire vivre un enfant, au lieu de ça, il est mécontent.

Ainsi tout le monde m'a poussé à faire l'IVG et il n'y avait personne pour me dire de garder l'enfant et me soutenir dans ce sens. J'étais trop perdue et fragile à ce moment-là, j'ai finalement fait le mauvais choix. Je fais des cauchemars infernaux toutes les nuits autour de ma grossesse. Alors que je me suis fait avorter pour pouvoir continuer ma formation. Aujourd'hui je suis tellement malheureuse que je n'ai plus goût pour reprendre mes cours. Au final, cette IVG n'aura

> servi à rien dans ce sens. Je suis en dépression depuis que j'ai fait cette IVG et ma formation est à l'eau. Avant mon IVG, je voyais cet enfant comme une source de problèmes, je n'ai compris qu'en fait, il aurait été après un moteur dans ma vie. Je l'aimais inconsciemment cet enfant mais je ne l'ai réalisé qu'après. Mais tout ça, on ne le comprend qu'après, quand c'est trop tard.

Nathalie (26 ans) en vient à rendre la société responsable de son geste :

> J'ai fait un avortement à 24 ans et il y a deux ans. Je l'ai fait presque de mon plein gré… enfin je crois. Le planning familial m'a incitée dans ce sens et m'a dit que mon bébé à venir serait une tache dans mon cadre de vie qui tend vers le bien : une formation en cours, un couple qui bat de l'aile mais qu'on doit consolider. Jamais à l'hôpital on ne m'a proposé une alternative à l'IVG, telle que m'aider à trouver des solutions pour garder mon bébé ou simplement des motivations. Perdue et dans la précipitation, je suis passée à l'acte et j'ai regretté dès le lendemain. Quand je me suis retrouvée traumatisée par mon IVG, ces personnes qui étaient à l'origine de mon traumatisme m'ont tous laissée tomber après mon IVG. Le jour où j'ai eu besoin de psychologues pour m'en sortir un mois et demi après, les hôpitaux qui pratiquent ces IVG n'ont toujours pas été compétents pour me donner un rendez-vous avec un seul psy. J'ai dû me débrouiller par mes propres moyens. Je me sens abandonnée par la société car le jour où vous êtes au plus profond du gouffre, elle ne fait rien pour vous alors que c'est elle qui, en quelque sorte par son silence, vous a mise là. À cause d'elle, je ne savais plus ce qui était bien et

mal. Je n'étais plus capable de savoir si arrêter de faire battre un cœur était « normal ». Je me suis dit : « Si la société nous l'autorise et que tout le monde le fait, alors c'est normal ! »...

Ophélie (27 ans) témoigne, elle aussi, du silence du corps médical :

J'ai 27 ans. J'ai des parents médecins. Aussi il me semble que j'aurais dû avoir une conscience assez importante des effets psychologiques que peuvent engendrer certains de nos actes et de nos paroles. Et pourtant, ces effets-là, je ne m'y attendais pas du tout.

« Maman, je suis enceinte d'un mois, je sais j'ai déconné, je croyais qu'à moi cela n'arriverait pas. Alors je vais avorter, c'est logique, c'est la seule solution, je veux d'abord me réaliser en tant que femme, j'ai toujours dit que ma carrière passerait avant un enfant

— Oh ma chérie, ne t'inquiète pas, ce n'est rien, moi j'ai avorté deux fois, et le lendemain j'étais sur pied et en pleine forme !

— Mais maman, c'est quand même un être vivant qui est en moi, ce n'est pas si facile...

— Mais non, au bout d'un mois il n'a pas encore de cerveau, ce n'est qu'un embryon, seulement le résultat d'un spermatozoïde qui a fécondé l'ovule, rien de plus ! Et puis rassure-toi tu es forte comme ta maman, cela ira très bien. »

Très bien, j'en étais convaincue. Cinq minutes après, je sentais que pour moi ce n'était pas le moment. Artiste, j'étais en plein engagement à l'étranger, et je n'avais même pas le temps de retourner en France pour avorter « tranquillement ». Je me suis donc rendue à l'hôpital de la ville où j'habitais (pays où l'avortement est légal) et pour la somme de

400 euros, j'ai pu avorter par médicaments. Ma première question à l'infirmière avant de prendre ces médicaments était de savoir quels étaient les effets secondaires, car j'avais le soir même un engagement professionnel et le lendemain également. La réponse était : AUCUN effet secondaire. Finalement elle avait raison, le médicament en lui-même n'a aucun effet secondaire, c'est bien l'acte en lui-même qui en a. Je me suis donc retrouvée le 15 mai 2013 seule, en pleine conscience et détermination, à l'hôpital, entre deux activités professionnelles, et je me revois encore comme si c'était hier regardant les deux cachets dans ma main, en me disant que ces deux petits cachets allaient tout arrêter d'un coup. Leur action était de tuer le fœtus.

« C'est quand même un cœur qui bat », m'a dit l'infirmière. J'ai dû sortir quelques instants pleurer un bon coup, demandant à l'homme que j'aimais et à cet enfant de me pardonner. J'avais vraiment la sensation que c'était la bonne solution pour moi.

Je suis rentrée de nouveau dans la pièce et j'ai avalé les deux cachets d'un coup, sans réfléchir plus longtemps. Sortie de l'hôpital, j'ai presque culpabilisé de ne rien sentir, de n'avoir aucun effet à la suite de mon acte. Et je suis retournée à mes activités professionnelles, pas très vaillante quand même. Je me suis couchée seule, plutôt sereine.

Le lendemain matin, une journée entière, intense professionnellement, m'attendait et le surlendemain une matinée à l'hôpital m'attendait pour « éjecter » définitivement le fœtus. Mais c'est là que tout a commencé. Je me suis levée et à peine quelques minutes après, debout, j'ai senti un grand étourdissement m'envahir, des nausées, une peur existentielle terrible. J'avais l'impression que si je fermais les yeux j'allais mourir. Une amie thérapeute qui habitait avec moi a été présente à mes côtés et a essayé de m'apaiser, de m'aider à respirer profondément. Elle avait tout de suite compris que je vivais une crise d'angoisse. Je crois que j'ai senti en moi ce bébé mourir et, avec, une partie de moi. J'ai dû annuler toute ma journée de travail et mon ami m'a rejoint. Je ne pouvais pas bouger du lit, je n'ai rien mangé de la journée. Le lendemain à l'hôpital, j'ai eu de la chance dans mon malheur car le fœtus est sorti très rapidement après la prise des médicaments. Mais de fortes et insupportables douleurs dans le bas-ventre m'ont accompagnée toute la journée, malgré les Spasfon. J'avais prévu seulement un week-end pour me reposer, et avec encore un petit engagement professionnel à honorer le dimanche matin.

Prise de panique, j'ai dû rentrer à la maison et abandonner mon engagement.

Je passe les détails journaliers, mais cet état a duré tout l'été allant de plus en plus fort. J'ai même atterri aux urgences pensant que j'avais quelque chose de grave, évidemment à part un ventre terriblement douloureux et un estomac qui n'arrivait plus rien à digérer, mon état physiologique était « normal ». Chaque crise était une incompréhension totale.

Étourdissement, poids dans la poitrine, ralentissement de mes gestes, nausées, mal au ventre, regard « qui part », peur de devenir folle, envie de mourir. Juste pour ne plus rien sentir.

Mon ami souvent présent à mes côtés se sentait totalement impuissant et personne ne pouvait rien faire pour moi. On a mis mon état sur le compte de trop d'émotions et de travail ces derniers mois, croyant qu'il fallait que je me repose. Mais cela n'a évidemment pas suffi.

Et puis sur les conseils de ma belle-mère et d'un médecin généraliste consulté en urgence pour obtenir un arrêt de travail, n'en pouvant plus et ne sachant plus quelle solution naturelle trouver, j'ai accepté de prendre des antidépresseurs, moi qui refusais jusque-là de prendre un Doliprane lorsque j'avais mal à la tête.
Effets secondaires terribles des antidépresseurs, mon état a mis plusieurs mois à s'améliorer. Entre-temps, j'ai eu le temps de refaire toute ma vie dans ma tête, de remettre tout en question, y compris ma passion professionnelle et évidemment mon couple. J'ai même pensé que c'était cela qui pouvait être à l'origine de mon état. Pas de chance pour moi, au même moment, ma maman était atteinte d'une grave maladie et était hospitalisée pendant des mois. J'avais donc de quoi justifier mon état avec toutes ces raisons extérieures ! J'ai été voir un psy plusieurs fois, j'ai fait du travail énergétique, j'ai commencé à méditer sérieusement, etc. Mais à chaque fois qu'une nouvelle crise d'angoisse se manifestait, je n'en comprenais pas la cause ! Il n'y avait aucun facteur déclencheur apparent !
Il y a seulement deux semaines, quelques jours avant Noël, j'étais auprès de ma mère. Je suis partie en ville faire quelques courses et de nouveau, progressivement, cet état s'est fait sentir. Je suis rentrée chez elle, elle a tout de suite senti que quelque chose n'allait pas. Je me suis mise à pleurer, je ressentais de la colère face à cette incompréhension de mon état ! Et je me suis mise sur Internet à chercher des choses, tout d'abord sur les hormones, et puis j'ai juste tapé : « conséquences d'un avortement ». Et là je suis tombée sur un site où j'ai ENFIN compris. Tous mes symptômes étaient écrits, noir sur blanc. Oui TOUT mon mal-être était bien dû à cet

avortement. J'ai poursuivi mes recherches et je suis tombée sur un site conçu par un psychiatre spécialise dans les deuils. Et là, j'ai compris ce que je devais faire. Je devais suivre les étapes d'un processus de deuil. Ce n'est pas un proche que j'ai perdu, c'est un être que je ne connais pas et que je ne connaîtrai jamais. Et malgré tout ce dont j'ai pu me défendre aujourd'hui, cet être c'est moi et moi seule qui ai décidé de mettre un terme à sa vie.

Culpabilité, colère, tristesse, désespoir, toutes ces émotions sont normales à la suite d'un décès. Notre cerveau est suffisamment intelligent pour avoir mis en place un processus naturel qui est le processus de deuil. Il commence donc tout seul à la suite de la mort d'un être aimé.

C'est donc cela que je vis aujourd'hui. Maintenant, je sais ce qui se passe en moi et je suis ce processus de manière consciente pour pouvoir petit à petit intégrer ce que j'ai vécu et la mort de cet enfant. Je témoigne aujourd'hui que l'avortement dans notre société est un acte tellement banalisé mais que personne, dans le milieu du médical qui m'a entouré, n'a prononcé une seule fois le terme de traumatisme post-abortif. Et pourtant, je suis une parmi tant d'autres touchées par ce syndrome qui est relativement tabou. Je me suis longtemps sentie au cours de ces derniers mois punie ou maudite à cause de ce que j'avais fait. Peut-être que si j'avais su que tout ce que je ressentais était « normal », cela aurait relativisé un peu mes souffrances et m'aurait évité de me retrouver aux urgences d'un hôpital, pensant que j'avais une pathologie autre. Je me promets de ne jamais revivre ce que j'ai vécu et que je ne souhaite à aucune femme de vivre.

Linda (20 ans) dénonce l'information tronquée de certains sites Internet dont celui officiel, du Ministère de la Santé :

> Je suis dégoûtée de l'attitude des sites qui encouragent l'IVG comme ceux du genre « IVG je vais bien » ou « ivg.gouv.fr », où on a l'impression que l'IVG, c'est bon pour le moral et pour la santé ! Moi, j'ai fait une IVG sans jamais m'attendre à vivre de telles répercussions psychologiques. Tout ça à cause de ce genre de sites où RIEN ne vous prévient qu'il y a un risque de conséquences psychologiques graves. On croit que faire une IVG est un acte banal et que juste après, on pourra se faire un bon resto ! Nulle part il n'est mentionné qu'il faut surtout éviter l'IVG de confort ou à visée contraceptive. L'IVG est un acte grave qui laisse des séquelles psychologiques lourdes et cette décision ne devrait jamais être prise à la légère. Une femme ne devrait penser à y avoir recours que dans une situation extrême : viol, situation sociale désastreuse, danger vital pour la mère... Et pourquoi ne pas penser à l'adoption ? Personne n'y pense, personne n'en parle. Je suis vraiment dégoûtée, je me sens piégée par cette société qui a autant banalisé l'IVG. À cause de la société d'aujourd'hui, j'ai perdu mon enfant sans que personne ne m'ait prévenue que je pourrais le regretter. Cela fait plus de 3 semaines que je fais une dépression ! Et j'ai failli attenter à ma vie ! Merci à la société de 2014 !

Chapitre III

L'enfant « non désiré »

La première cause de l'IVG est très logiquement « la grossesse non désirée ». Cela peut sembler évident mais dans les faits ce n'est pas aussi simple. Nous allons voir ici que le « désir » ou « non-désir d'enfant » n'est pas une situation binaire. Une femme peut souhaiter un enfant mais pas nécessairement la grossesse actuelle, ici et maintenant. J'ai pu constater au cours des entretiens que j'ai eus combien ce désir est changeant au cours même de la grossesse ! Ce critère devrait être davantage relativisé par les professionnels confrontés à la demande d'IVG. Ainsi, on peut constater aisément, en questionnant les personnels des services sociaux, combien les bébés hier « bien désirés » sont aujourd'hui délaissés ou même parfois maltraités. En revanche, innombrables sont les enfants « non désirés » qui ont été acceptés puis, par la suite, vraiment aimés ! Une méconnaissance de cette situation d'ambivalence que rencontrent fréquemment les femmes en début de la grossesse peut conduire par la suite, et parfois longtemps après, à de graves déconvenues. Ce mal-être après une IVG peut contribuer à former ce que l'on appelle le « syndrome post-IVG ».

Le témoignage de Sandrine, un mois après une IVG, est à cet égard éclairant :

J'ai 24 ans. En couple depuis quelques années avec mon amoureux, nous sommes fiancés depuis peu et fous amoureux depuis le premier jour. Nous voulons des enfants ensemble mais il y en a un qui a débarqué plus tôt que prévu. Pendant des jours et des jours, on a pleuré, parlé, imaginé un futur avec ou sans cet enfant et je m'étais même assurée de le garder alors que mon homme était plus stressé. Un soir, devant la télé, j'ai eu la révélation et j'ai senti que je ne voulais plus de cette grossesse. Les symptômes m'angoissaient et je partais en crise de panique dès que je m'imaginais avec un enfant maintenant. Notre couple est solide et nous aurions pu le garder sans compromettre notre amour mais je ne l'aurais pas aimé comme un enfant mérite d'être aimé. Le soir où j'ai décidé cela, j'ai pleuré. De soulagement d'avoir trouvé la meilleure solution pour moi, pour nous, pour cet enfant. J'étais à 4 semaines de grossesse (6 d'aménorrhée). Le lendemain matin, nous sommes allés main dans la main à l'hôpital pour programmer une IVG. J'avais déjà fait une écho avec mon gynéco quelques jours avant. Je n'avais qu'une hâte, c'était que tout s'arrête. Que mes symptômes disparaissent et que ma vie redevienne normale. Après la seconde prise de médicaments et des douleurs très désagréables, je me suis sentie libérée. Nous avions eu la preuve que nous étions féconds tous les deux et que le jour où nous voulions en faire un vraiment, nous le pourrions. Cela fait maintenant un mois. Depuis, tout va bien, je n'y pense pas particulièrement et n'ai aucune séquelle. Une IVG peut bien se passer lorsque l'on est sûre de soi ! Je ne pensais pas en être capable avant d'avoir dû le vivre moi-même. Alors courage à celles qui doutent, qui regrettent, qui culpabilisent. En France, nous avons UN DROIT à défendre et jusqu'à trois mois de grossesse!

Ce témoignage, rigoureusement authentique, nous livre comme un « concentré » de situations « ordinaires ». On y retrouve un certain nombre de « constantes » :

- L'enfant non programmé est souvent l'enjeu d'une question devenue quasi automatique : « Vais-je le garder ou non ? »
- « Le désir d'enfant » peut changer rapidement d'un jour à l'autre.
- Une femme qui est assez déterminée à avorter cherche souvent à justifier son avortement passé (ou en projet) en avançant paradoxalement le bien de l'enfant attendu (« Je ne l'aurais pas aimé comme un enfant mérite d'être aimé », « la meilleure solution pour cet enfant... »). Et bien sûr aussi celui du couple.
- La femme enceinte éprouve naturellement une situation ambivalente : elle est à la fois rassurée de se savoir féconde mais éprouve une angoisse face à des symptômes physiologiques nouveaux et qu'elle peut considérer comme « anormaux ».
- La médicalisation de la sphère procréative donne une fausse sécurité et conduit à penser qu'on peut « faire un enfant quand on le voudra ». Et quand la femme a conscience des risques psychologiques de l'IVG, elle pense qu'une possibilité de recours médicalisé à un « psy » sera une solution efficace pour guérir d'un mal-être ou d'un état dépressif.
- La femme ignore souvent que les troubles psychologiques ne se produisent pas nécessairement dans les

jours ou les semaines qui suivent une IVG. Ils peuvent apparaître de nombreux mois ou années après une IVG.

- La notion de « droit à l'IVG » vient fausser le rapport qu'a naturellement la femme avec sa capacité à engendrer la vie. Aussi, la parole dissuasive d'un professionnel de santé ou d'un tiers est perçue comme une ingérence, une atteinte à ce « droit ». Même une parole d'encouragement ou d'optimisme sur cette vie en devenir est considérée aussi comme un acte dissuasif et donc une atteinte à la liberté et à ce « droit ».
- La femme nie rarement le fait qu'elle porte une vie humaine distincte de la sienne. Elle dit très spontanément : « J'attends un enfant ». Elle ne dit pas : « J'attends un embryon ».

Par ailleurs, ce qui est le plus frappant, dans ce « combat intérieur » que mènent ces femmes contre elles-mêmes, c'est de voir l'importance qu'exerce sur elles la pression psychologique de l'entourage. C'est cette pression qui transforme le cœur des femmes et qui amoindrit leur liberté. Cette pression semble de plus en plus forte dans la société actuelle qui est de plus en plus normative. Elle était certainement moindre il y a vingt ou trente ans. Le désir naturel de donner la vie est maintenant comme étouffé autant par l'entourage familial, conjugal et amical que par la « société » (médias, corps médical, institutions). Il est admis comme naturel que la femme, en cas de difficultés de tous ordres, même petites, se pose la question « Est-ce que je vais le garder ? » Et quand ce n'est pas la femme qui se pose cette question, il n'est pas rare de voir un médecin devancer ses craintes ou ses difficultés et poser lui-même la question :

« Voulez-vous le garder ? » Puis, quand survient le risque de handicap, la question du médecin se transforme en une affirmation comminatoire : « Madame, je suis au regret de vous dire que vous ne pourrez pas garder le bébé car il y a de fortes chances qu'il soit handicapé ! »

Le témoignage d'Annabelle (20 ans) nous montre la difficile frontière entre désir et « non-désir ». Ce texte parle aussi beaucoup par lui-même de la cassure affective dans le rapport mère-fille. Je constate souvent que la mère a tendance à projeter sur sa fille ce qu'elle a vécu ou ce qu'elle aurait voulu vivre. Souvent la mère a vécu l'avortement et en a souffert, mais inconsciemment elle veut transférer ce fardeau à sa fille comme une forme de malédiction héréditaire. Elle semble dire à sa fille : « Je suis passée par là, aussi il n'y a pas de raisons que tu y échappes. Mais cela devrait nous rapprocher… »

> Je m'appelle Annabelle. Je suis déjà maman d'un petit garçon de 2 ans. Je suis avec un homme depuis juillet dernier (mon fils n'est pas de lui). En janvier 2014, nous avons appris que j'étais enceinte par une prise de sang. Nous étions heureux car on le voulait et cela faisait des mois qu'on essayait d'avoir un enfant. Sauf que rien ne s'est passé comme prévu. Mes parents m'ont imposé de réfléchir à l'IVG alors que pour moi c'était déjà réfléchi : « C'est mon bébé, je veux le garder ! ». Ma mère me menaçait en disant que si je n'enlevais pas cette « chose » de mon ventre, elle m'enlèverait mon fils et eux, je ne les reverrais plus. J'ai réfléchi jusqu'au lendemain puis j'ai dit « C'est bon, je vais avorter » (la plus grosse erreur que j'ai faite).

Lors du rendez-vous chez le gynécologue pour faire une dernière échographie, là, le ciel m'est tombé sur la tête : mon bébé, je le vois avec ses jambes, ses pieds, ses bras et mains ! Ce que je n'ai pas vu à mes précédentes échographies. Le médecin qui me dit : « Vous êtes sûr de vouloir avorter ? » Je lui réponds : « Ce n'est pas mon choix, mais celui de ma mère ». Puis il me donne le médicament et me dit (je m'en souviendrai toujours) : « Au moment où vous prendrez ce médicament, tout s'arrêtera et vous ne pourrez plus revenir en arrière ». J'aurais tellement dû écouter ces paroles avant de le prendre !

Le jour d'après, je rentre à la clinique pour me faire opérer, enfin plutôt pour faire retirer mon bébé ! Le jour où je suis entrée à la clinique j'étais angoissée, la peur m'envahissait. Puis au moment de rentrer au bloc opératoire, mon copain était le seul présent à mes côtés. On en pleurait. Mes parents, qui m'avaient dit qu'ils seraient là, ne sont pas venus... Une heure trente après l'opération, je me suis réveillée. Puis là, je sentais que mon ventre était vidé. Il n'y avait plus rien ! J'étais fatiguée moralement et physiquement. J'ai vécu la pire chose : ma mère qui a voulu enlever la vie de ma moitié et moi je l'ai écoutée ! Alors les filles, j'ai un conseil à vous donner : réfléchissez avant d'agir quitte à perdre votre famille pour un moment ! Mais prenez le temps de peser le pour et le contre. Aujourd'hui, seul mon conjoint arrive à me comprendre et à être à mon écoute. Ma mère pense que c'est du passé et que tout est fini. Mais aujourd'hui, j'en souffre. Entre elle et moi plus rien n'est pareil. Je la hais ! La déteste ! C'est dur de parler ainsi de sa mère mais je ne lui pardonnerai jamais !

Le site www.ivg.net est comme un observatoire sociologique et psychologique de la situation de l'accueil de la vie en France. La présentation du site est volontairement « neutre ». Il met en avant les problèmes psychologiques ou médicaux que peut poser l'avortement. Certains disent que cela suffit à le qualifier de dissuasif. Mais il est d'abord une invitation au dialogue et à la réflexion. L'accroche du bandeau principal du site est à cet égard directe : « Vous avez des questions ? Ne restez pas seule, téléphonez-nous ! » De façon étonnante, le dialogue qui se noue entre l'appelante et l'écoutante du site porte finalement assez peu sur les modalités pratiques et médicales de l'IVG.

Les femmes qui envisagent l'IVG et qui nous appellent sont fondamentalement ambivalentes quel que soit leur âge. Elles sont tiraillées entre désir et non-désir de maternité, puisque cette grossesse est « non programmée » et vient chambouler des projets. D'ailleurs, curieusement, ce ne sont pas toujours les plus jeunes qui disent être poussées à faire une IVG contre leur gré.

Aussi la pression de l'entourage est souvent déterminante. Elle est surtout le fait des parents avant 20 ans, puis du « conjoint » entre 20 et 38 ans, et enfin celui de la « société » à partir de 38 ans. Michèle (22 ans) vient de faire une IVG à deux mois de gestation et parle de la « précipitation incroyable » avec laquelle elle a fait cette IVG :

> Je suis encore comme « déchirée » par cette intervention, car même si la décision a été, semble-t-il, la plus appropriée, je n'ai pas eu le temps d'accepter et ainsi de le « laisser partir » avec l'esprit clair. Je me suis retrouvée dans un tourbillon où certains banalisaient l'IVG et ne donnaient pas suite

> à mes quelques troubles. Je souhaite faire le deuil correctement de mon « bébé » car, bien qu'à un stade peu avancé, je l'ai aimé de tout mon cœur. C'est avec un très grand regret et dans une précipitation incroyable que j'ai dû m'en détacher. Depuis cette perte, j'ai une angoisse permanente de perdre mon ami, non pas de rompre mais qu'il disparaisse à son tour, d'un accident quelconque. Je n'ai pas encore eu recours à un psychiatre car je ne pense pas être en mesure de converser de vive voix. Je fais donc appel à vous pour m'aider à faire le deuil et à apaiser cette angoisse qui je pense est sans aucun doute liée à cette IVG.

Annie (31 ans) décrit bien le revirement que peut prendre le « désir » d'enfant :

> J'ai 31 ans et je viens de faire une IVG il y a trois semaines, il m'arrive d'en pleurer. J'étais enceinte de cinq semaines lorsque nous l'avons appris. Nous étions heureux et l'avons annoncé à nos proches. Nous avions choisi des prénoms. Mais lorsque mon CDD est arrivé à son terme, j'ai paniqué devant les questions financières. De plus notre relation commençait à se détériorer car je ne supportais plus qu'il me touche, ni son odeur. Ma thyroïde a commencé à me poser des problèmes. J'ai commencé à détester cet enfant. Je ne pouvais ni manger, ni boire. Mon estomac ne supportait plus rien. Nous avons donc pris la décision de l'IVG. Je vais peut-être vous choquer, mais à la suite de cette décision, nous étions soulagés sur le coup. En fait ce fut une expérience douloureuse surtout au niveau de la santé. Les effets secondaires de l'IVG médicamenteuse sont difficiles. Le médecin ne m'a pas prévenue. Je ne savais pas comment ça allait se

passer. Aucune info, ni de lui, ni de la clinique. J'ai dû me rendre aux urgences d'un hôpital et suis restée 3 jours en « observation ». Puis on m'a dit de rentrer chez moi. J'ai été choquée du manque d'info. J'ai pleuré le soir même en disant à mon compagnon : « Il aurait dû arriver au bon moment cet enfant, on n'aurait pas eu à subir ça tous les trois ».

L'IVG à la suite d'une PMA

Il peut sembler paradoxal de vouloir faire une IVG après avoir obtenue une grossesse tant « désirée », c'est-à-dire après avoir tenté une ou plusieurs fois une PMA (procréation médicalement assistée) surtout au moyen d'une fivete qui a réussi. Ce n'est pourtant pas une situation rare. J'ai eu plusieurs fois des entretiens avec des femmes dans ce cas. Par exemple, Sophie (31 ans) témoigne :

> J'ai 31 ans. Après 3 ans d'essai, 2 fausses couches, 3 IAC (insémination avec sperme du conjoint) et une FIV (fécondation in vitro), je suis actuellement enceinte de 10 SA [semaines d'aménorrhée]. Mon mari ne veut plus de ce bébé, et d'ailleurs ne veut même plus de nous... Depuis deux mois, il a énormément changé : la bringue, les potes, il n'y a que ça qui compte. Je n'en peux plus... Nous faisons dispute sur dispute à cause des sorties, il ne fait plus rien à la maison ; je fais tout toute seule. Il dit qu'on n'est pas fait pour être ensemble et qu'il ne me supporte plus. Et pour le bébé, il m'a même suggéré de me faire avorter, qu'on se sépare et comme ça, on serait tranquille... Je ne peux même plus me projeter avec ce bébé, pourtant tellement désiré jusque-là... C'est un projet de couple, et là tout mon petit monde merveilleux

> s'écroule ! Je suis dans l'angoisse, c'est mauvais pour ma santé et celle du bébé. J'ai rendez-vous jeudi prochain et je pense que les choses pour l'IVG vont rapidement s'enchaîner. Je le regretterai un jour, mais aujourd'hui je pense prendre la bonne décision pour le bébé et pour moi… Le délai se raccourcit de jour en jour, je suis suivie par la psy de la PMA, les gynécologues, eux, m'ont plus ou moins conseillé de le garder, mais pour moi, c'est trop dur… Élever seule un enfant avec un père qui n'en veut plus, c'est insurmontable pour moi… Même moi je rejette cette grossesse. Ce n'est pas ce que je veux offrir à un enfant. Je suis perdue et complètement anéantie… Ce bébé devait être l'aboutissement et la concrétisation de notre projet, créer notre famille, et là, tout s'effondre… SVP, aidez-moi ! Je suis au fond du gouffre.

Ce comportement peut sembler très paradoxal mais il semble être la conséquence d'une conception utilitariste de l'enfant dans une construction quasi pathologique du désir d'enfant. Le futur enfant n'est pas vu comme une fin en soi mais il est perçu comme un moyen de satisfaire à un besoin parental, certes bien légitime. La future famille est projetée dans un imaginaire idéalisé par des stéréotypes (« C'est un projet de couple, et là tout mon petit monde merveilleux s'écroule ») au lieu d'être construite sur une volonté commune d'accueillir des enfants.

Cette conception est hélas fréquente. En témoigne le cas dont j'ai été témoin : Marion, 36 ans, après plus de 4 ans d'infertilité et plusieurs tentatives de fivete, a connu la joie d'être enceinte. Toutefois la grossesse tant désirée était une grossesse gémellaire et la jeune femme considéra qu'il n'était pas possible d'accueillir des jumeaux. Elle demanda alors avec insistance une réduction embryonnaire auprès des médecins. Malgré la réticence du corps médical, elle obtint gain de cause. Hélas, une semaine après la « réduction », le fœtus survivant, cette fois, avorta spontanément… Les médecins lui avaient certainement dit, mais un peu timidement, que le risque de faire une fausse couche après une réduction embryonnaire était fonction de « la technique utilisée et de l'expérience de l'opérateur » et qu'il pouvait se situer entre 6 et 10 %. Hélas, Marion fut victime de sa confiance excessive dans la technique reproductive et vit maintenant dans une profonde dépression…

L'argument qui légitime la réduction embryonnaire dans les grossesses gémellaires repose logiquement sur ce « droit à l'IVG » revendiqué. Il est difficile pour un médecin de dire « non » à ce droit « fondamental » qui peut s'exprimer sous la forme d'un impératif catégorique : « Faites-moi une IVG partielle ». Comment un médecin pourrait-il s'y opposer ? Car, même si la grossesse était bien désirée initialement, elle n'est plus maintenant souhaitée « sous cette forme »…

Chapitre IV

Quand la grossesse « non désirée » devient désirable

Nous avons vu combien, dans ces témoignages, il est fréquent de passer du désir au non-désir. La réciproque est encore plus fréquente. On peut dire qu'elle est même dans *l'ordre des choses*. La femme développe « naturellement » cette faculté, ce *« désir »* de porter la vie (que les biologistes appellent « instinct »), malgré les angoisses qui peuvent apparaître les premières semaines.

J'ai pu constater avec étonnement des changements de situation qui peuvent même survenir quelques heures seulement après la prise des premiers cachets de l'avortement médicamenteux (Mifegyne ou mifépristone). J'ai reçu en huit ans environ 120 appels de femmes qui venaient tout juste d'avaler la pilule abortive. Elles étaient prises d'un regret soudain et comprenaient subitement qu'un processus destructif était en route. Elles sont brusquement en grande souffrance et souhaitent « faire demi-tour ». Hélas, il n'existe pas de contrepoison face au RU 486. Avec un médecin de l'association, nous avons mis au point un petit protocole pour tenter de contrer les effets de la Mifegyne. Ce traitement, pris sous contrôle médical, a en fait une certaine efficacité (environ 25 % de grossesses se poursuivent) si la femme prend très rapidement de la progestérone et si la grossesse n'est pas trop précoce (c'est plus efficace entre 5 et 8 semaines d'aménorrhée). La mifépristone est un stéroïde de synthèse à action antiprogestative, par compétition avec la progestérone au niveau de ses récepteurs. La mifépristone est antagoniste des effets endométriaux de la progestérone et inhibe l'action de la progestérone endogène. En toute logique, une prise massive de progestérone (comme Utrogestan 200 mg) dans les toutes premières heures qui suivent la prise de la Mifegyne peut venir contrecarrer efficacement son action et arrêter le processus abortif.

Par ailleurs, contrairement à ce que craignent les femmes (et beaucoup de médecins…), la mifépristone, quand elle ne provoque pas l'avortement, n'augmente pas le risque de malformation fœtale. Ce point est vérifiable sur le site Internet du Centre de référence des agents tératogènes – Le CRAT – supervisé par l'hôpital Trousseau et destiné aux professionnels de santé[1]. L'entretien avec une femme qui vient d'avaler une pilule abortive peut être résumé de la façon suivante : « Allô, je ne sais pas ce qui arrive, je viens de faire une IVG médicamenteuse dans la précipitation. Je regrette déjà ». Un dialogue s'instaure et très vite la jeune femme verbalise son mal-être et souhaite faire demi-tour. Je l'informe alors des démarches à faire et des probabilités de poursuivre la grossesse. Elle est étonnée de savoir que tout n'est pas perdu et semble soulagée de savoir que son embryon a de réelles chances de voir le jour même si elle sait que la probabilité de garder sa grossesse est assez faible.

1. lecrat.org/articleSearch.php3?id_groupe=12.

Récemment, Doug Ducey, le gouverneur républicain de l'Arizona (États-Unis), a signé le 30 mars 2015 une loi obligeant les médecins à informer les femmes voulant pratiquer un avortement médicamenteux ou venant de le pratiquer que le processus abortif pouvait encore être contrecarré avec une chance de succès en utilisant de fortes doses d'hormones.

Il n'est pas rare de voir également la tentative d'IVG médicamenteuse échouer sans qu'il y ait eu d'action particulière de femme. On est alors dans le taux d'échec de 5 % mentionné dans la notice du laboratoire Exelgyn. C'est ce qui est arrivé à Noémie, 24 ans :

> J'étais sous pilule. Donc une grossesse non attendue, que ce soit pour moi ou pour le père. Celui-ci ne voulant pas d'enfant maintenant, il m'a « imposé » le choix de l'IVG. Ce que j'ai fait à contrecœur. Pour lui.
> La première prise de cachets de Mifegyne, c'était, si je me souviens bien, le mercredi à l'hôpital. On m'a ensuite laissée rentrer chez moi avec deux autres cachets de Cytotec à prendre le vendredi matin. Je regrettais déjà mais la machine était en route et je ne pouvais plus revenir en arrière. Vendredi matin, donc, je prends les deux derniers cachets parce « qu'il le fallait » et non parce que je le voulais. L'après-midi je me suis sentie nauséeuse, avec quelques douleurs au ventre et de petites pertes brunâtres mais rien d'impressionnant. J'ai donc laissé le temps passer jusqu'au dimanche. Mais toujours rien. Inquiète, je suis montée aux urgences pour savoir ce qui se passait dans mon ventre et ou en était le « processus »... Après plusieurs heures d'attente et une

échographie, on m'annonce que mon bébé est toujours bien là, toujours bien accroché.
Je décide envers et contre tous de ne pas « aller plus loin » et de le garder. Après avoir entendu son petit cœur, impossible pour moi de m'acharner à vouloir lui ôter la vie alors qu'il s'accrochait justement pour vivre. J'avais tellement espéré en montant à l'hôpital pour que mon bébé soit toujours là vivant que je crois que j'ai cru en Dieu ce jour-là ! Ce jour où on m'a fait entendre son cœur alors qu'il n'était plus censé battre. J'ai donc fait des recherches sur Internet et je suis tombée sur ce site qu'est www.IVG.net. J'ai été en contact avec une écoutante : Marie, qui a été un peu mon « ange gardien » à ce moment-là. Et celui de ma fille par la même occasion.
Grâce à ses précieux conseils, aujourd'hui j'ai une petite fille qui s'appelle Lya, âgée de 4 mois. Elle est née le 17 février 2014 avec 49 cm et 3,320 kg. Un magnifique petit bébé en pleine santé ! Elle sourit du matin au soir et ne m'a jamais posé de problèmes au niveau de sa santé. Je remercie le ciel de m'avoir laissé ce petit ange aujourd'hui mais aussi ce site car sans lui, je serais peut-être allé jusqu'au bout de l'IVG de peur des conséquences pour l'après. J'élève ma fille seule puisque le père a préféré se retirer. Mais ce n'est pas grave, ce n'est rien à côté du bonheur que je vis à ce jour, accompagnée de ma poupée.

Ce brusque changement d'intention dont j'ai été témoin au cours même de la procédure d'avortement médicamenteux est encore plus fréquent au cours des jours qui précédent l'IVG, et pendant la période obligatoire de réflexion de sept jours entre la première demande d'IVG et l'acte lui-même, en vigueur jusqu'en janvier 2016.

Ainsi Serena (24 ans) montre bien l'ambivalence de la femme pendant cette période, qui hélas n'est suffisamment prise en compte par le corps médical, lequel voit dans l'hésitation de la femme une difficulté d'expression et non un sentiment profond inscrit dans la structure de son être :

> Je suis tombée enceinte à 19 ans et je me suis posé la question : « *Suis-je vraiment obligée d'avorter alors qu'au fond de moi je sens que je ne dois pas le faire ?* » Je voulais en parler et avoir des réponses. À moi aussi on avait dit : « *Va au planning, ils t'orienteront !* » J'étais toute seule et complètement perdue. Je n'arrêtais pas de pleurer. Je me sentais seule. Je ne savais plus vers qui me tourner, j'y suis donc allée.
> J'ai été reçue par une femme qui a bien voulu écouter mon histoire. À la fin, elle m'a dit : « *Concrètement, si vous êtes là, c'est que vous savez ce que vous voulez ! C'est juste que vous avez du mal à l'accepter* ». Je lui ai dit : « *Non, je suis venue pour avoir un avis, de l'aide et du soutien* ». Elle m'a dit : « *Vous savez très bien ce qu'il y a de mieux à faire. Vous avez juste du mal à le formuler. Mais ce que vous voulez, en fait, c'est avorter !* » J'ai dit : « *Non, ce n'est pas si simple, je suis venue pour avoir des réponses. Pour que vous m'aidiez !* » Elle m'a expliqué comment se passait l'avortement. Elle m'a donné une analyse d'urines à faire. Elle m'a dit : « *Il faut que vous vous dépêchiez, il ne vous reste plus beaucoup de temps pour avorter* ». J'étais complètement choquée. Je ne suis jamais retournée la voir. Elle m'a téléphoné pendant les trois jours qui ont suivis mais je ne répondais pas… J'ai finalement eu de l'aide ailleurs et j'ai gardé le bébé. Et je ne le regrette pas ! Alors non, ne me dites pas que le planning est neutre !

Jodie (20 ans) nous montre que, malgré sa conviction profonde, elle était sous la pression de son conjoint qui aurait pu entamer sa détermination :

> Je suis déjà maman d'un petit garçon de 10 mois, et en couple avec le papa. Il y a deux semaines, j'ai constaté un retard de règles. Je pars donc acheter un test de grossesse sans vraiment m'attendre à un résultat positif. Et pourtant, il l'était. Sur le coup, je n'ai pas trop réalisé, d'ailleurs il m'a fallu plusieurs jours pour vraiment me dire que j'étais enceinte. Mon copain, qui a 27 ans, m'a répété ces derniers temps que « si je tombais enceinte, il fallait que j'avorte ». Je disais « oui » sans vraiment trop y croire. Mais là, c'était différent : j'étais bel et bien enceinte de 4 semaines et le fait de penser à l'avortement m'effrayait. Mais je me disais que c'était mieux ainsi car j'ai 20 ans, pas de travail, ni de formation, ni de permis et bientôt deux enfants ! Surtout que, cet enfant, je n'en voulais pas. Je me demandais dans quelle galère je m'étais mise. Mon copain venait de perdre un de ses deux jobs et pensait qu'il serait impossible de l'élever financièrement, et même pire, que si je faisais le choix de le garder « je détruisais sa vie ! »
> Oui, il parle bien de son enfant, quand il dit « Pour moi, à 4 semaines, il n'a rien d'un être humain, c'est un simple œuf ». Je sentais qu'il n'y avait pas d'autre issue pour moi que l'avortement. Pourtant au fil des jours, j'ai commencé à parler à mon bébé, à m'imaginer avec mon premier fils et le prochain. J'ai essayé de le faire changer d'avis mais il ne voulait absolument pas que je le garde. J'ai commencé à devenir très agressive envers lui ! Et triste quand je pensais à cette vie que j'allais ôter, celle de mon enfant ! Il m'a

fait prendre rendez-vous à l'hôpital, le 16 mai à 9 heures. Seulement, moi, j'espérais de tout cœur que le docteur lui expliquerait le développement à ce stade de la grossesse et le ferait changer d'avis. Mais ce fut tout le contraire ! Arrivée à l'hôpital – là où mon fils est né – je me suis dit que « celui que je portais n'aurait pas cette chance ». Et je me suis même dit qu'il ne m'aurait pas comme maman et que « j'allais l'envoyer à la poubelle ! » Je toque timidement à la porte, parle doucement et aligne quatre mots : « C'est pour une IVG ». Toute gentille, la femme me dit que je suis dans les temps pour l'IVG médicamenteuse et me donne rendez-vous le 22 à 9 heures 15. Je lui demande à *quoi il ressemble à 6 semaines.* Elle me dit que « *ce n'est rien : C'est un œuf!!* » De partout, je lis le contraire, mais c'est elle LE DOCTEUR que mon homme croira, pas ce qui est écrit sur des sites sérieux sur Internet ! Elle va même plus loin et dit que « *c'est un ovule qui a été fécondé, c'est tout, et des ovules, vous en perdez tous les mois* ». Mon copain sort de là super heureux, c'est plein de bonnes nouvelles selon lui et surtout une date… Pour moi c'était tout le contraire… il m'a même dit d'arrêter de tirer la gueule ! Dans la voiture, on s'est engueulé et il m'a dit « *Garde-le si tu veux* » en nous insultant tous les deux, mon bébé et moi ! Et mon fils de 10 mois dans la voiture qui ressent toute la colère de son père et la tristesse de sa mère. Après ce rendez-vous, je n'étais vraiment plus la même et ma capacité à m'occuper de mon fils avait changé. Je n'avais plus la tête, plus le cœur et plus l'envie. Je n'avais personne à qui parler. Il disait que c'était notre petit secret. Quand j'étais seule chez moi, je me suis rappelé le site IVG. net que j'avais vu quelques jours plus tôt quand je cherchais des renseignements sur l'avortement. J'ai donc appelé une écoutante, lui ai raconté ma vie et tout ce que j'avais sur le cœur : mes craintes et la pression que j'avais. Elle a tout de suite compris que je ne voulais pas avorter. Elle est allée dans mon sens, elle m'a promis de l'aide et m'a réellement aidé à me retrouver et m'a refait sourire. Mon comportement a carrément changé après ce coup de fil.

D'ailleurs quand mon copain est rentré, il a remarqué que j'étais heureuse et m'a demandé pourquoi. Je lui ai dit « *Je le garde, j'ai appelé IVG. net, je suis tombée sur une femme super qui m'a comprise, elle va nous aider, on va s'en sortir* ». Il n'a pas réagi mais s'est mis à être préoccupé par l'argent. Il commençait à l'accepter mais il me disait que « *l'on aurait 600 euros (que pour les courses...) pour vivre tout le mois avec deux enfants* ». Mais je n'avais pas peur car je savais que la situation allait changer. Et puis le bébé n'arrive pas tout de suite non plus. Avec l'écoutante, on s'est beaucoup envoyé de SMS et de petits messages de soutien. Je vais à l'écho de datation le 19 mai dans l'optique de voir mon trésor et j'y vais même accompagnée de la grand-mère. Lol ! Et mon rendez-vous pour l'IVG qui avait lieu le 22 mai, je l'ai fait sauter !

Si j'ai écrit mon histoire sur ce site (chose que je ne fais jamais dans les forums), c'est pour dire aux femmes qui savent au fond d'elles que l'avortement n'est pas ce qu'elles désirent qu'il ne faut pas se décourager, ni voir les inconvénients de la grossesse car un enfant est la plus belle des choses qui puisse arriver et que tout s'arrange. Une grossesse dure neuf mois en général. On a le temps de trouver de l'aide, du soutien et une source de revenus. Et ne pas écouter la personne qui nous force à faire ce choix car c'est la femme qui doit assumer cet acte et les conséquences. Car si la femme n'a pas

> réellement envie d'avorter, elle en paiera le prix toute sa vie. En tout cas, si je l'avais écouté, je suis sûre que je ne l'aurais vraiment pas supporté vu mon comportement avant de le faire. Depuis mon copain l'a bien accepté et j'ai reçu tout le soutien et l'aide auxquels on peut s'attendre, et encore bien plus que tout ce que j'avais imaginé. *L'écoutante d'IVG. net m'a très bien comprise et aidée, et m'a permis d'éviter de faire la plus grosse bêtise de toute ma vie!*

Laurence (28 ans) nous a téléphoné un jour, paniquée, mais quelques paroles de réconfort ont suffi pour lui faire prendre confiance que, finalement, être enceinte à 28 ans n'était pas quelque chose de si anormal…

> Il y a neuf mois presque jour pour jour, prise de panique devant une grossesse surprise, je faisais appel à votre écoute. J'ai eu une écoutante qui a pu me faire prendre conscience de mon état de panique. Et finalement, neuf mois après, me voilà avec un merveilleux petit bébé. Je voudrais dire à toutes celles qui doivent faire ce choix de ne pas se précipiter, même dans la panique, même sous la pression familiale ou du conjoint. Je suis toujours un peu traumatisée d'avoir pensé à l'IVG, alors je n'imagine même pas si je l'avais fait. Nous avons une semaine pour réfléchir. Si je n'avais pas eu ce délai, j'aurais commis l'irréparable; même si je crois que les délais sont en train de changer… c'est bien dommage. Sa grande sœur est tellement fière de tenir dans ses bras son petit frère Maxime.

Myriam (30 ans) voulait avorter en Hollande après les délais légaux. Au lieu d'agir en « technicienne », une écoutante lui a expliqué les conséquences de l'avortement sans crainte de faire un acte de dissuasion.

> J'ai 30 ans, suis enceinte et suis déjà la maman d'un petit garçon de 9 mois qui est né avec un handicap mental qui n'a pas été détecté pendant ma grossesse. Cela a été un choc pour moi à la naissance, mais l'amour que l'on a pour son enfant efface toutes les blessures ; par contre c'est avec le père que cela s'est super mal passé... et nous nous sommes séparés.
> Depuis, je suis retombée enceinte avec mon nouveau compagnon, et on était très content de la nouvelle. Bêtement, nous nous sommes disputés, et, dans un moment de panique, j'ai eu très envie de faire une IVG, car je ne voulais pas me retrouver dans une autre situation compliquée avec le père de ce second bébé. Du coup, j'ai appelé directement le planning familial qui m'a proposé de partir en Hollande, car il me restait deux jours de délai légal en France pour avorter, ce qui est trop court.
> Afin d'essayer de trouver une autre solution, j'ai contacté IVG. net afin d'avoir des renseignements et des numéros d'hôpitaux. À ma grande surprise, je suis tombée sur une dame charmante, très douce et très sérieuse, à l'écoute, qui s'appelle Ghislaine ; et je dois dire qu'elle m'a évité de faire la plus belle bêtise de mon existence. Elle m'a ouvert les yeux sur ce qu'est l'IVG, l'envers du décor qui est assez cauchemardesque, le nombre de femmes qui témoignent et regrettent d'avoir laissé leur bébé, les risques encourus si un jour on veut retomber enceinte, l'après-IVG qui est traumatisant car il faut vivre avec le souvenir d'un être que l'on n'a pas connu, mais qui a été à un moment dans notre cœur, les

> cliniques à l'étranger qui pratiquent cela « à la chaîne », et où il n'y a pas de suivi de vrai dossier médical à notre retour en France… Il y a un manque d'information sur « l'après ». Du coup, je reconnais que j'ai un côté parfois trop spontané, mais je sais que maintenant Ghislaine m'a évité de faire la pire chose de mon existence. Là, mon bébé est encore bien dans mon ventre à l'heure actuelle, et, malgré les difficultés de la vie, cela fait du bien de se battre pour ses enfants que l'on aime.

Thyssen (29 ans) était à « deux doigts » d'aller avorter en Hollande :

> Il y a environ un an et demi, alors que j'étais enceinte de cinq mois, perdue au fond du gouffre, j'ai composé le numéro d'écoute du site IVG.net alors que j'allais me rendre en Hollande pour avorter et en finir avec les « menaces » de suicide du père de mon enfant si j'allais au bout de ma grossesse. Durant la grossesse, j'ai connu l'enfer, le désespoir, la souffrance, la solitude, le mépris de la part de ma famille et d'un grand nombre de mes amis.
> Mais ce soir-là, où je pensais avoir pris ma décision d'y aller car je n'en pouvais plus de souffrir, j'ai eu une écoutante au téléphone. Elle m'a écoutée, parlé, conseillée avec des mots d'une simplicité et d'une douceur hors normes ! Cette femme que je n'ai jamais vue a fait de moi la femme la plus heureuse à ce jour ! Grâce à elle, je ne me suis pas assassinée de l'intérieur en allant me faire charcuter dans un abattoir à interruptions de grossesse, dans un de ces centres où l'on donne la mort à son bébé… Quelque part, on tue volontairement sa chair et son sang « pour ne pas faire du mal aux

autres ». Mais à aucun moment, on ne pense à cet enfant qui pendant tout le trajet jusqu'en Hollande doit peut-être « ressentir » ce mal-être dans le ventre de sa mère où il (elle) vit ses derniers instants.

Éveline (18 ans) fait volte-face toute seule :

J'avais une vie banale d'une jeune de 18 ans, un ex que je voyais encore régulièrement avec qui j'ai passé 3 années extraordinaires, on s'éloignait petit à petit mais ça ne me gênait pas. J'étais folle de lui malgré tout. Le lycée tous les jours debout à 5 heures 45, les sorties le week-end. Bref une vie comme tout le monde. Mais plus les semaines passaient, plus je sentais que quelque chose en moi n'allait pas. Je sentais que j'avais quelque chose en moi d'étrange. Je remarque un retard de règles sans m'inquiéter, puis des douleurs au ventre régulièrement, des vertiges, des nausées. Je commence à m'inquiéter, moi enceinte ? Impossible, je ne voulais pas d'enfant de toute ma vie à cause d'une enfance désastreuse. J'avais peur de tout ça.
Puis un vendredi, je me rends en pharmacie pour un test de grossesse : négatif. Ouf, je reprends ma petite vie, me rends tout de même chez le médecin pour ces douleurs, il me parle d'une constipation et d'air dans le ventre sûrement, le test était négatif donc ça ne pouvait être que ça. J'en ai parlé à ma maman qui préfère que je refasse un test, j'en refais un négatif, je me dis « c'est tout », cette idée me sort de la tête mais mes règles ne revenaient toujours pas. Quelques jours après je décide moi-même d'en refaire un le troisième, je ne sais pas pourquoi, j'étais persuadée que c'était une grossesse. J'ai peur, je vais aux toilettes et là je vois un « + » sur ce test,

je tremble, je deviens blanche, j'ai peur, très peur. Je n'ose pas en parler, je n'en veux pas! Je décide de me rendre au planning familial de ma ville, prise de sang, résultat dans 24 heures.

Je me rends au planning un mercredi pour le résultat: c'est positif et je suis à 10 semaines. Et merde, ma décision était prise: je veux avorter! Je prends immédiatement rendez-vous à l'hôpital, j'ai eu rendez-vous le lendemain et je ne savais pas qu'une échographie était prévue! C'est ce que j'appréhendais le plus, et là, je vois ce petit truc qui ne ressemble pas à grand-chose. J'essaie de ne pas regarder mais c'est plus fort que moi, et là j'entends son cœur; oui ça avait un cœur, aussi petit que ça! La pression monte, je me dis: « Je vais tuer un être vivant! Ce petit bout qui n'a rien demandé ». Tout s'enchaîne, le rendez-vous est pris le jeudi pour prendre un cachet et le vendredi l'hospitalisation pour l'avortement par aspirateur. Je leur dis que je viendrai, je n'avais qu'une soirée pour réfléchir si j'étais sûre et certaine de mon choix. Ma mère était présente et me dit que ce n'est pas une décision à prendre à la légère. Je le savais mais je n'en voulais pas. Je n'ai pas dormi de la nuit. J'ai peur, vraiment peur…

Le matin, je ne sais pas ce qui m'a pris: j'ai appelé l'hôpital pour tout annuler. Je ne voulais pas tuer ce petit bout. C'était comme un meurtre pour moi. C'était impossible. Aujourd'hui je suis à quatre mois de grossesse. Une grossesse assez difficile car ce petit bout me prend toute mon énergie. J'ai décidé d'arrêter les cours pour éviter tout reproche et le jugement des autres. Certaines personnes n'acceptent pas ma décision, dont ce fameux ex. Mais je me dis que c'est la mienne et tant pis j'assumerais seule. Même si ça me fait un peu peur, j'ai mis longtemps à réaliser que j'allais être maman. Aujourd'hui, petit à petit, je l'accepte et me projette dans le futur, je ne sais pas encore le sexe du bébé mais peu m'importe ! J'aimerais juste dire que oui ça change une vie, surtout à 18 ans. Mais c'est une décision qui ne repose que sur nous-même, en voyant certains témoignages je ne regrette pas mon choix, pas du tout ! Et j'attends ce petit bout avec impatience ! Réfléchissez bien, ce n'est pas une décision à prendre à la légère ! Non, c'est un être humain qui n'a rien demandé !

Lena (23 ans) a pu imaginer une vie possible avec un bébé avec l'aide d'une assistante sociale :

Comme vous, je me suis posé la question de l'avortement. C'est assez difficile de témoigner. Enfin, j'ai promis à P. que je laisserai mon témoignage sur le site et je tiens à la remercier pour le soutien moral qu'elle a su m'apporter quand j'angoissais en pensant à mon avenir. Je pensais avorter car ma grossesse n'était pas attendue et que j'étais étudiante, il me restait largement le temps de le faire car je n'en étais qu'à 6 semaines de grossesse, mais j'avais mal au cœur rien que d'y penser, alors j'ai finalement gardé mon bébé. Je pleurais d'être enceinte, et je pleurais de ne pas pouvoir garder mon bébé. C'était très difficile de prendre une décision. Je n'étais pas dans une situation stable, ce bébé inattendu avait ébranlé mon couple tout récent, le papa m'avait dit qu'il me quitterait si je n'avortais pas et il me restait plusieurs années d'études, et je tenais bien sûr à réussir mes études.
Je ne savais presque rien sur l'avortement car je n'aurais jamais pensé que ça pouvait me concerner, moi. À peine j'ai su que j'étais enceinte, je me suis donc rendue chez le généraliste

pour avoir des informations. J'étais totalement perdue et en arrivant à cette consultation, j'avais peur d'être jugée du fait d'être enceinte, jeune, étudiante… J'y suis allée la boule au ventre et, en réalité, le médecin m'a bien accueillie, m'a dit de peser le pour ou le contre d'une grossesse, même inattendue, et m'a affirmé en souriant qu'« un enfant, c'est toujours quelque chose de positif ». Ce sont des phrases qui sont restées dans ma mémoire et dont je me suis souvenue au moment de prendre ma décision. Au moment de faire la prise de sang pour confirmer la grossesse, le monsieur qui en était chargé m'a dit « Les dés sont lancés, à vous de jouer » d'un ton aimable ; là non plus je ne me suis pas sentie jugée, contrairement à ce que j'imaginais, et ce sont des phrases qui m'ont marquée énormément car elles m'ont laissé entrevoir qu'un CHOIX était possible malgré ma situation. L'idée qu'il était possible malgré tout de garder ce bébé commençait à germer et je cogitais, mais je suis allée à mon rendez-vous au centre de planning familial pour l'IVG. J'étais angoissée mais je savais qu'il me restait encore du temps pour décider si j'avortais ou non. La dame du centre ne me sentait pas prête à avorter, elle m'a fait voir l'assistante sociale pour que je connaisse mes droits dans le cas où je garderais l'enfant. Cela m'a aidée à imaginer une vie possible avec un bébé et en continuant mes études. J'ai dépassé ma grande peur d'en parler avec ma famille, car je savais qu'ils ne sauteraient pas vraiment de joie en leur apprenant que je pensais garder le bébé et grâce à tout cela, une nuit, je me suis réveillée avec les idées claires : je gardais le bébé.

Cette décision prise, je me sentais vraiment soulagée mais j'ai recommencé à angoisser face aux questions matérielles, d'organisation, etc. qui apparaissaient tout à coup. J'avais l'impression d'être face à une montagne qu'il me faudrait gravir. C'est là que le soutien de Pascale m'a été précieux. Malgré ces circonstances pas forcément idéales pour mettre son enfant au monde, tout s'est bien passé, mon bébé va avoir un an et j'ai repris mes études peu après l'accouchement. Si je peux vous donner un conseil, et je vous le dis de tout cœur, c'est de décider par vous-même, c'est votre corps, votre vie, personne n'a à influencer votre choix, il vous appartient. C'est ce que j'ai fait, j'ai gardé le bébé sans savoir si mon bébé aurait un père ou non. Le bébé s'était mis à trop compter pour moi pour m'en séparer alors que je commençais à rêver de pouvoir faire sa connaissance. Ça vaut la peine de réfléchir et d'envisager plusieurs situations. Me concernant, ce sont ces gens dont je vous ai parlé qui m'ont permis de m'autoriser à penser à mener cette grossesse à son terme car même si j'en avais envie, j'étais bloquée par la peur d'être jugée, peur de me sentir mal à l'aise, et par la peur de rater mes études. N'ayez crainte des gens, ceux qui vous aiment vous soutiendront je pense : je n'ai perdu aucune de mes amies !

Ces témoignages montrent qu'il y a souvent un véritable « combat » entre la femme et son entourage à chaque fois que la grossesse n'est pas dans cette nouvelle « norme sociale » non écrite, arbitraire et fluctuante. On constate une grande inégalité naturelle entre la femme (dans la période où elle peut donner la vie) et l'homme. Ce dernier semble disposer sur la femme comme d'un insondable pouvoir de domination. Dire que le « droit fondamental » à l'IVG conduit à une authentique libération de la femme est un leurre. Au contraire, c'est en constatant la distorsion fondamentale qui existe au cours de cette période dans le couple humain que l'on perçoit combien cette fausse égalité prônée entre l'homme et la femme est source d'aliénation pour la femme et d'un pouvoir tutélaire inégalé dans l'histoire récente. Paradoxalement, la femme forte qui refuse la pression de son entourage dispose d'une forme de supériorité sur l'homme. La femme qui cède est comme assujettie, opprimée par son « partenaire », qui la considère plus comme un objet que comme un être humain doté d'une dignité dans toutes les composantes de sa personne, comme femme et mère.

Nathalie (37 ans) a contacté notre centre d'appels :

> Bonjour, je vous ai contactés le 27 décembre 2009, trois jours après avoir fait un test de grossesse qui s'est révélé positif. J'ai 37 ans, un petit garçon de 2 ans et demi que j'aime de tout mon cœur et je vis avec l'homme que j'aime depuis un an. Il a 47 ans, deux fils de 18 et 13 ans, une fille de 15 ans. Nous passons nos week-ends ensemble et nos enfants sont heureux. Quand je vous ai contactés, j'étais perdue, très en colère aussi, parce que l'homme que j'aimais me demandait d'avorter. Il ne voulait pas de cet enfant parce que non désiré et parce qu'il « n'était pas sûr » de notre relation. Nous avons pu dialoguer avec l'une de vos écoutantes : Ghislaine. Pouvoir exprimer ce que je ressentais m'a permis de me poser et d'être à l'écoute de mes sentiments. Il m'est apparu rapidement qu'à choisir je préférais être « seule pour accoucher » que d'être « accompagnée par mon homme pour avorter ». Je sais maintenant que je ne souhaite pas avorter et que je suis « forte » face aux

> demandes de mon homme. Je vous remercie pour l'écoute et le soutien que vous m'avez apportés. Je voulais aussi dire aux femmes qui vous consultent qu'elles n'hésitent pas à « écouter » vraiment ce qu'elles ressentent au plus profond d'elles-mêmes. Et que si finalement, elles n'avortent pas, c'est leur choix. Car leur corps leur appartient. Je vous remercie encore pour votre aide, ce que vous faites est formidable ! Merci encore de m'avoir redonné confiance en la vie.

Miriam (35 ans) parle de « l'impérialisme » qui règne sur les femmes qui ne veulent pas d'IVG :

> Je vous contacte pour vous remercier !... Je suis mère célibataire. J'ai vécu la terrible épreuve d'être abandonnée enceinte, et ce à deux reprises. Les deux pères m'ont harcelée pour que je me fasse avorter. Je viens de regarder la vidéo du témoignage de Lætitia. Je souhaite la remercier et la féliciter pour la magnifique œuvre d'humanité et d'amour du prochain qu'elle offre. Oui, comme elle, je témoigne de l'horreur qui règne lorsque l'homme que l'on aime et à qui l'on s'est donnée par amour se retourne contre vous pour vous convaincre d'avorter, voire pire, vous y obliger. J'ai échappé à l'avortement, par pur miracle. Je me souviens de mes amies qui me disaient : « Rien que pour ne pas avoir à dire à mes parents que je suis enceinte, à ta place j'avorterais ». Et aussi celles un peu plus âgées auprès desquelles je pensais trouver un réconfort et une aide pour me défendre, qui au lieu de m'entendre, me disaient : « Tu le gardes ? Mais tu es folle ! » Et ce médecin, que je consultais pour le suivi de ma maternité et qui a refusé en me disant : « Mademoiselle,

vous êtes jeune, vous vous gâchez la vie, dépêchez-vous de vous faire avorter avant que ce ne soit trop tard »...

Il est très long ce chemin avant de trouver des gens qui vous acceptent, célibataire et enceinte. J'ai été traitée d'idiote, de moins que rien, j'ai entendu quelqu'un me dire : « Mais tu sais que l'avortement ça existe, et c'est pour les imbéciles comme toi qui se sont fait avoir ! » Et aussi : « Tu n'as pas de boulot, tu es étudiante, tu vas compter sur la société pour élever ton enfant ? » J'ai tellement subi d'horreurs en tous genres que je pourrais témoigner et clouer le bec à beaucoup de gens qui parlent de l'avortement comme d'une solution ! Non, ce n'est pas une solution... Et j'attends qu'un jour mon témoignage puisse être entendu, partagé et serve pour épauler les femmes qui même très jeunes, même seules, même démunies se reconnaissent et y trouvent une arme pour rompre la solitude et la peur. L'impérialisme qui règne sur les femmes qui refusent l'avortement et qui souhaitent donner naissance à leur enfant alors même que la société « trouve » que leur situation justifie un avortement, personne n'en parle ! Alors voilà mon témoignage, comme une goutte d'eau. Je ne me suis pas gâché la vie, voici ce qu'elle est.

Chapitre V

Études médicales sur les conséquences psychologiques de l'IVG

Les études statistiques sur le sujet étant quasi inexistantes en France, c'est vers l'étranger qu'il faut se tourner pour étudier ce phénomène.

Suicide et IVG

Le suicide ou la tentative de suicide est probablement l'expression la plus radicale d'un mal-être profond chez celui ou celle qui y a recours. Très peu d'études ont mis en corrélation le suicide (ou la tentative de suicide) avec les suites d'une IVG chez la jeune femme. L'une des raisons en est sans doute la pluralité des causes de suicide qu'il ne serait pas facile d'isoler. On peut aussi penser que le sujet de l'avortement est trop « sensible » dans le milieu médical pour en faire une controverse. Toutefois l'objet même des techniques statistiques est de collecter puis de croiser un maximum de variables clairement identifiées pour enfin discuter sur les grandes tendances observables et significatives. Le lien entre l'IVG et le suicide mérite donc d'être analysé.

Une étude assez récente du *Scandinavian Journal of Public Health*[1] a montré que, malgré la prévention mise en place dans les centres d'IVG en Scandinavie, les femmes ayant eu recours à un avortement provoqué ont un risque deux à trois fois supérieur de faire un suicide suivi d'effet (ayant entraîné la mort) par rapport aux autres femmes. Ce risque accru de suicide avait déjà été reconnu dans des publications en 1996 et par l'Administration de la santé en 2001 qui, pour prévenir ce danger, souligne l'importance de faire faire un suivi psychologique 2 ou 3 semaines après l'acte d'IVG, pour prévenir et surveiller les troubles psychiques chez la femme.

Pour mener cette étude, l'équipe a pris en compte tous les suicides faisant suite à un avortement provoqué entre les années 1987 et 2012 en Finlande. Pour ce faire, les chercheurs ont rapproché les bases de données des avortements provoqués (284 751) et celles des causes de décès enregistrées (3 798 suicides) pour identifier les femmes qui avaient fait un suicide dans l'année qui suivait un avortement provoqué (79).

Les taux d'avortement pour 100 000 femmes en un an ont été calculés de 1987 à 1996, de 1997 à 2001 et de 2002 à 2012 (à la suite des nouvelles lignes directrices de soins). Résultat : le taux de suicide après un avortement provoqué a diminué de 24 %, passant de 32,4 pour 100 000 en 1987-1996 à 24,3 pour 100 000 en 1997-2001, puis 24,8 pour 100 000 en 2002-2012.

Le taux de suicide global (hors IVG) chez les femmes âgées de 15 à 49 ans a diminué de son côté de 13 %, passant

1. Gissler M., Karalis E., Ulander V.-M., "Decreased suicide rate after induced abortion, after the Current Care Guidelines in Finland 1987-2012", first published 2014 November 24.

respectivement de 11,4 pour 100000 à 10,4 pour 100000 et à 9,9 pour 100000.

L'étude note que le taux de suicide après IVG a augmenté de 30 % chez les adolescentes (25/100000), a stagné pour les femmes âgées de 20 à 24 (à 32/100000), mais a diminué de 43 % (pour atteindre 21/100000) chez les femmes âgées de 25 à 49 ans.

Puis de conclure que, bien que le risque de suicide après avortement soit en baisse, cette baisse observée n'est pas statistiquement significative. Les femmes ayant fait un avortement provoqué ont encore 2,5 fois plus de risque de faire un suicide. Enfin, les chercheurs préconisent un check-up obligatoire après l'IVG pour diminuer ce risque et appellent à examiner de façon plus approfondie les facteurs de risques de suicide chez les jeunes femmes avant leur grossesse, comme leurs antécédents de santé mentale ou les aspects sociaux.

Une étude de D.M. Fergusson[2] de 2013 a examiné le lien entre l'avortement et la santé mentale de la femme en se demandant si l'IVG, *a contrario,* pouvait améliorer la détresse psychologique de la femme ayant une grossesse non désirée. Peu d'études ont examiné dans quelle mesure l'avortement aurait des avantages thérapeutiques qui atténueraient les risques pour la santé mentale de la femme. L'étude conclue ainsi : *« Il n'existe aucune preuve donnant à penser que l'avortement a des effets thérapeutiques pour réduire les risques de santé mentale à la suite d'une grossesse inattendue.*

2. Fergusson D.M., Horwood L.J., Boden J.M., Department of Psychological Medicine, University of Otago, New Zealand. *The Australian and New Zealand Journal of Psychiatry,* 2013, 47 (9): 819-827.

Il existe des preuves suggérant que l'avortement peut être associé à des hausses faibles à modérées des risques de certains problèmes de santé mentale ».

Une étude de 1991 de Louis Appleby parue dans le *British Medical Journal*[3] *(BMJ)* montre que les femmes, dans la première année après l'accouchement et pendant la grossesse, ont un faible risque de suicide, en dépit de leur taux élevé de morbidité psychiatrique. Une sous-déclaration des suicides maternels est peu probable pour expliquer les conclusions. « Le ratio standardisé de mortalité pour le suicide postnatal a été calculé à 0,17 – ce qui représente le sixième du taux de suicide escompté de la femme hors période de maternité. Ce faible ratio est moins prononcé, mais toujours présent, chez les mères adolescentes et les mères célibataires. Les femmes qui se sont suicidées après accouchement le font le plus souvent dans le premier mois en utilisant des méthodes violentes. Le ratio standardisé de mortalité pour le suicide pendant la grossesse a été calculée à 0,05 pour toutes les femmes enceintes » L'étude conclut que « la maternité semble protéger contre le suicide. Le souci d'une personne à charge peut être un objectif important pour la prévention du suicide dans la pratique clinique ».

On constate ainsi, *a contrario*, que la grossesse et la maternité constituent globalement comme une protection contre le passage à l'acte du suicide…

En France, l'INPES (Institut national de prévention et d'éducation pour la santé) est un établissement public qui dispose de 140 personnes à temps complet et qui est doté

3. *BMJ*, 1991 Jan 19, 302 (6769): 137-140. "Suicide during pregnancy and in the first postnatal year" (europepmc.org/articles/PMC1668816).

de plus de 95 millions d'euros de budget annuel. Il est particulièrement chargé par le ministère de la Santé de « mettre en œuvre les politiques de prévention et d'éducation pour la santé dans le cadre des orientations de la politique de santé publique fixées par le gouvernement ». Il dispose de tous les moyens techniques, humains et financiers pour faire des analyses analogues à celles de la Scandinavie. Curieusement, l'INPES n'évoque même pas cette question dans son « Baromètre santé 2010 » qui analyse le suicide chez les jeunes de 15 à 30 ans[4].

Ce rapport note pourtant que 0,9 % des 15-30 ans (0,5 % des hommes et 1,3 % des femmes) ont fait une tentative de suicide au cours des douze derniers mois. Ces données positionnent ainsi cette tranche d'âge comme la plus concernée, en particulier pour les femmes. Concernant les raisons évoquées comme étant à l'origine de la tentative de suicide parmi les 15-30 ans, les raisons familiales prédominent (citées par 61 % des suicidants), devant les raisons sentimentales (49 %), « d'autres raisons » (33 %), les raisons professionnelles (11 %) et enfin les raisons de santé (8 %). Les femmes déclarent plus souvent des raisons familiales (67 %) que les hommes (45 %). *Il n'était pas demandé aux suicidants de préciser la raison de leur dernière tentative de suicide* quand ils répondaient positivement à la modalité « autre raison ».

L'étude reconnaît toutefois, sans aller plus loin, que « les tentatives de suicide augmentent rapidement au moment de la puberté » et que « cette augmentation est nettement plus importante parmi les jeunes filles que parmi les jeunes

4. inpes.sante.fr/Barometres/barometre-sante-2010/comportement-sante-jeunes/pdf/Tentatives-suicide-pensees-suicidaires-15-30-ans.pdf.

hommes. Les explications avancées pour une fréquence importante des tentatives de suicide à ces âges seraient l'émergence d'une période particulièrement vulnérable du développement neuropsychique, avec une augmentation concomitante de troubles émotionnels et de prise de risque, les adolescents et jeunes adultes étant particulièrement sensibles à l'ostracisme, à l'image négative qu'ils pensent renvoyer et au stress engendré par d'éventuelles difficultés sociales, scolaires et professionnelles. Chez les jeunes, les tentatives de suicide seraient par ailleurs liées à l'introduction de l'activité sexuelle, à l'existence de symptômes dépressifs et d'abus d'alcool ».

Cette analyse évoque bien des pistes mais ne recherche pas les principales causes des symptômes dépressifs. Elle ne fait qu'en mentionner la présence. Aussi, on ne peut que regretter l'absence totale de volonté des instances publiques ou parapubliques françaises de faire des études objectives sur ce sujet important de santé public.

Pourtant, une étude assez ancienne réalisée dans le Minnesota, montre que les adolescentes sont 6 fois plus exposées au risque de suicide dans les 6 mois qui suivent l'IVG si on les compare à celles qui ont mené une grossesse à terme. En outre, le risque de suicide à l'adolescence est 2 à 4 fois plus grand qu'à l'âge adulte après un avortement[5].

5. Garfinkel B. *et al.,* "Stress, Depression and Suicide: A Study of Adolescents in Minnesota", Responding to High Risk Youth, University of Minnesota: Minnesota Extension Service, 1986.

Les états dépressifs après IVG

Moins dramatiques que le suicide, les syndromes dépressifs (ou voisins de ceux de la dépression) sont néanmoins graves et fréquents chez les femmes ayant pratiqué une IVG. Beaucoup d'études ont permis de mettre en évidence des liens entre l'IVG et l'accroissement du nombre de dépressions, d'état d'anxiétés, mais aussi d'un certain développement de la toxicomanie ou encore d'un comportement suicidaire. On a pu observer incidemment un taux plus élevé de décès par maladie cardiaque qui serait la conséquence indirecte de l'accroissement de l'anxiété…

Une importante étude publiée dans la revue médicale *Medical Science Monitor*[6] a été menée sur les *traumatismes de l'IVG* dans deux pays différents : les États-Unis d'une part et la Russie d'autre part. Lors de leur enquête, les chercheurs ont invité des femmes ayant eu recours à l'avortement dans des dispensaires ou des hôpitaux américains ou russes à répondre à un questionnaire détaillé relatant leurs expériences.

Au total ce sont 331 femmes russes et 217 femmes américaines qui ont été consultées. Il ressort de cette étude que les femmes américaines établissent plus facilement un lien entre leur IVG et les perturbations psychologiques post-IVG dont elles souffrent, alors que les femmes russes manifestent, dans leur ensemble, des troubles de la personnalité mais sans nécessairement faire un lien avec leur avortement. 65 % des femmes américaines reconnaissaient avoir eu des troubles post-traumatiques qu'elles mettaient en lien avec

6. Rue V.M., Coleman P.K., Rue J.J., Reardon D.C., *Med. Sci. Monit.*, 2004, 10 (10): SR5-16.

leur avortement. Le risque à terme d'être touchées par la dépression ne semble pas lié à l'âge, à l'origine ethnique, à l'éducation, au statut matrimonial, au revenu ou aux antécédents psychiatriques des femmes. Le traumatisme post-IVG est, dans les deux groupes, assez lié au jugement que ces femmes portaient sur l'avortement avant qu'elles y aient recours. Ainsi, les réactions les plus négatives se retrouvent chez les femmes qui étaient hostiles à l'avortement ou qui ont été plus ou moins forcées, et chez celles qui ont été peu ou pas informées des risques avant de faire l'avortement.

Les Américaines attribuent à leur avortement divers désordres psychologiques comme :

- le désir suicidaire (36 %),
- l'utilisation accrue de drogues et/ou d'alcool (27 %),
- des problèmes sexuels (24 %),
- des problèmes relationnels (27 %),
- un sentiment de culpabilité (78 %)
- et une incapacité à « se pardonner » (62 %).

Environ 2 % des femmes américaines interrogées ont fait un séjour en hôpital psychiatrique et donc dans une plus grande proportion que celles qui n'ont jamais avorté[7]. 60 % ont déclaré qu'une « partie d'elle-même était morte ».

Parmi les éléments qui les ont incitées à recourir à une IVG, *64 % des femmes américaines évoquent la contrainte ou la pression de l'entourage* contre 37 % pour les femmes russes. Seulement 11 % des femmes américaines disent

7. Les femmes qui ont avorté sont deux fois plus susceptibles d'être hospitalisées pour une maladie psychiatrique dans les six mois qui suivent l'avortement que celles qui mènent leur grossesse à terme (Reardon D.C. *et al.*, "Psychiatric admissions of low-income women following abortions and childbirth", *Canadian Medical Association Journal*, 2003 May 13, 168, 10).

avoir reçu une information adéquate contre 64 % des femmes russes.

Même si dans les deux groupes, l'IVG était essentiellement envisagée face à une situation d'urgence, elles sont seulement 7 % pour les femmes russes et 14 % pour les femmes américaines à justifier encore cette réponse après leur avortement[8].

Une autre étude de Reardon parue dans le *BMJ* montre que le risque de dépression est élevé même en cas de grossesse « non désirée ». Ainsi, le nombre de dépressions résultant d'une première grossesse non désirée et interrompue est significativement plus élevé par rapport aux femmes qui ont mené leur grossesse à terme[9].

Pour identifier les conséquences de l'IVG, de nombreuses études ont été conduites dans le monde. Une méta-analyse a été réalisée par Priscilla K. Coleman pour faire une synthèse des principales recherches publiées sur cette question entre 1995 et 2009, et pour examiner plus précisément de façon critique les publications, en tenant compte des limites méthodologiques des études qualitatives existantes et fournir d'avantages d'éléments pour les cliniciens[10].

Cette analyse vise à mesurer l'association entre l'avortement et les indicateurs de « mal-être » ou de pathologie psychologique, avec des effets de sous-groupes calculés sur les critères de comparaison (pas d'avortement,

---

8. Rue V.M. *et al.*, "Induced abortion and traumatic stress: A preliminary comparison of American and Russian women", *Medical Science Monitor,* 2004, 10 (10): SR5-16.
9. Reardon D.C., Cougle J.R., "Depression and unintended pregnancy in the National Longitudinal Study of Youth: a cohort study", *British Medical Journal,* 2002, 324: 151-2.
10. "Abortion and mental health: quantitative synthesis and analysis of research published 1995-2009", OI: 10.1192/bjp.bp.110.077230 published 2011 August 31, bjp.rcpsych.org/content/199/3/180.full.pdf/html.

grossesse non désirée menée à terme, grossesse désirée menée à terme) et sur des résultats particuliers. Un objectif secondaire était de calculer le risque statistique sur de larges populations identifiables pour en extraire un résultat au moyen du PAR *(population-attribuable risk).* Cette mesure indique le nombre (ou la proportion) des cas qui ne se produiront pas *dans une population* si un facteur a été éliminé (par exemple, combien de vies pourraient être sauvées si les gens ne fumaient pas ?).

Après l'application des critères de sélection basés sur un plan méthodologique et des règles d'extraction pour minimiser les biais, l'échantillon comprenait 22 études, 36 mesures d'effets et 877 181 participantes (dont 163 831 femmes qui ont pratiqué un avortement volontaire). Des odds ratios[11] communs ont été calculés en utilisant les odds ratios ajustés des études originales, et des statistiques ont été tirées à partir de regroupements.

Au niveau des résultats, on constate que les femmes qui avaient subi un avortement ont connu une augmentation du risque de problèmes psychologiques sérieux de 81 %. Par ailleurs, on constate que près de 10 % des pathologies d'ordre psychologique sont directement imputables à l'avortement. Les estimations de « risque accru » les plus fortes sur des sous-groupes ont été notées lorsque l'incidence de l'avortement a été comparée avec celui d'une grossesse menée à terme et lorsque les résultats portaient sur l'utilisation ou non de substances nocives (drogues, alcool) et sur des symptômes de comportements suicidaires.

11. L'odds ratio (OR), aussi appelé rapport de chance ou risque relatif rapproché, est une mesure statistique exprimant le degré de dépendance entre des variables. (N.D.E.)

Cette étude propose la plus grande estimation quantitative faite à ce jour au niveau mondial des risques pour la santé psychologique de la femme en lien avec l'avortement.

Toutes les études ne sont pas unanimes sur les conséquences négatives de l'IVG. Il est donc nécessaire de mentionner les plus importantes et d'évaluer leur apport scientifique. « Avorter n'augmenterait pas le risque de troubles psychologiques chez les femmes qui ont une grossesse non voulue », affirme une étude publiée dans JAMA[12] le 14 décembre 2016[13]. Cette étude a été commentée en France par des sites comme LeFigaro.fr ou Terrafemina.com. Ce dernier site affirme qu'il y aurait « un risque élevé de troubles psychologiques chez les femmes à qui on a refusé une IVG ». Cette affirmation vient en contradiction avec l'étude qui tente seulement de montrer qu'il n'y aurait pas de différence significative au niveau des conséquences psychologiques.

Cette étude parue dans JAMA appelle plusieurs remarques. Les chercheurs veulent comparer l'état psychique des femmes ayant fait une demande d'avortement, certaines l'ayant réalisé, les autres ayant été « empêchées » par une loi de l'État (aux États-Unis) dans lequel elles se situaient. « L'empêchement » le plus fréquent étant une demande d'IVG hors délai légal qui nécessiterait alors de se rendre dans un autre état plus libéral des États-Unis pour faire un avortement dit « du deuxième trimestre ». Le premier groupe étudié fut celui des femmes n'ayant pas été « empêchées ». Le deuxième groupe fut donc celui des femmes « empêchées » ou « exclues » qui se décompose en deux

12. *Journal of the American Medical Association*
13. jamanetwork.com/journals/jamapsychiatry/article-abstract/2592320.

sous-groupes : celles qui ont fait un avortement dans un autre État et celles qui renoncèrent à l'IVG en choisissant de mener leur grossesse à son terme.

Des résultats statistiques furent extraits sur les deux groupes à partir des réponses faites à des questions posées par téléphone aux femmes huit jours après l'IVG, puis tous les six mois pendant cinq ans.

Huit jours après avoir essayé un refus au cours de la procédure, les femmes du deuxième groupe avaient plus de symptômes d'anxiété et un taux de « satisfaction personnelle » un peu plus bas. Cela dit, après six mois, ces effets avaient tendance à s'estomper.

La conclusion de cette étude est pour le moins surprenante car elle s'aventure dans le domaine politique : elle évoque ainsi les politiques « injustifiées » qui restreignent l'accès des femmes à l'IVG. L'objet même de l'étude semblait être de montrer que ces restrictions n'étaient plus souhaitables à l'instar de ce qui est demandé par les associations pro-IVG qui revendiquent que les délais légaux soient repoussés le plus loin possible sur tout le territoire des États-Unis.

Les questions posées par téléphone ne furent pas de nature à détecter correctement le mal-être post-avortement. La recherche portait sur la présence ou non de symptômes classiques de désordres psychiques comme : pensées suicidaires, symptômes de dépressions, violence subie dans le couple, violence portée sur un enfant, perte de l'estime de soi, anxiété, etc. En fait l'étude n'a pas pu (ou pas voulu ?) poser à la femme certaines questions fondamentales : « Ressentez-vous un mal-être psychique particulier en relation avec l'IVG ? Avez-vous des remords importants d'avoir fait cette IVG ? Avez-vous des regrets d'avoir fait cet avortement ? » Ces questions ne purent pas être posées car pour faire cette étude, il fallait pouvoir placer dans le questionnaire des questions standards pour toutes les femmes qui avaient ou qui n'avaient pas avorté. On voit ici qu'il y a déjà un biais important dans l'analyse des « données » qui porte atteinte à crédibilité et la pertinence de l'étude.

On peut également s'interroger quant à la taille de l'échantillon des femmes n'ayant pas avorté. Ainsi 161 femmes seulement étaient étudiées dans le groupe des femmes n'ayant pas donné suite à leur projet d'avortement. Or on sait que la Haute Autorité de santé (HAS) a pu établir qu'une étude scientifique comparative comportant des biais importants avait un « faible niveau de preuve scientifique[14] ».

Une autre étude a été réalisée par Roberts SC et Col[15] autour de la question de la violence dans le couple. La violence conjugale subie étant assez fréquente chez les femmes faisant une demande d'avortement, l'étude a mis en avant une proportion entre 6 % et 22 % d'actes de violence récents de la part du partenaire. La violence est hélas une des raisons importantes pour lesquelles certaines femmes enceintes décident de mettre fin à leur grossesse. L'étude a montré ainsi que les femmes qui demandaient un avortement avaient une probabilité un peu plus faible de subir dans les deux années et demie une violence subséquente de l'homme impliqué dans la grossesse…

14. has-sante.fr/portail/upload/docs/application/pdf/2013-06/etat_des_lieux_niveau_preuve_gradation.pdf (voir page 19).
15. bmcmedicine.biomedcentral.com/articles/10.1186/s12916-014-0144-z et ncbi.nlm.nih.gov/pubmed/25262880.

La conclusion de l'étude est des plus étonnante : « Les politiques publiques restreignant l'accès à l'avortement peuvent avoir pour effet de rendre plus de femmes incapables de mettre fin à des grossesses non désirées. Cela aurait pour effet de maintenir ces femmes en contact avec des partenaires violents, et ainsi de mettre ces femmes et leurs enfants éventuels dans un statut risqué ».

En d'autres termes, le fait de céder rapidement aux menaces et aux exigences d'un partenaire violent (ou menaçant d'être violent) en pratiquant une IVG serait de nature, selon ces auteurs, à diminuer le risque de subir de nouvelles violences puisqu'en avortant la femme aurait moins d'attaches avec ledit partenaire et pourrait donc plus facilement se séparer ou menacer de le faire. C'est une manière un peu étrange de lier des problèmes et de donner une « solution » radicale pour la femme battue : céder aux menaces…

Chapitre VI

La pression du « copain » et de l'entourage

Aujourd'hui en France, *aucun dispositif légal ne protège les femmes* victimes de pressions psychologiques qui pourraient les pousser à avorter. Cette logique considère que l'avortement n'est pas simplement une possibilité aux conséquences éventuellement négatives, mais un droit « fondamental » à un acte forcément positif. Il est donc admis comme « normal » aujourd'hui de promouvoir positivement l'IVG, et toute critique négative sera assimilée à une atteinte, voire à une entrave à ce droit.

La réalité vécue peut être très différente : quand une femme est enceinte dans une situation « compliquée », c'est souvent l'entourage qui pousse à l'avortement, parfois jusqu'à la violence psychologique ou physique. L'adolescente enceinte qui est « mise à la porte » de chez elle reste aujourd'hui encore une situation assez fréquente. Le rôle de la loi serait de ne pas cautionner ces pressions, mais d'en protéger les femmes. L'IVG tend à devenir un acte médical « comme un autre » dans un contexte où le silence est la règle sur tous les problèmes physiques et psychologiques que peuvent subir les femmes dans cette situation.

La loi Aubry de 2001 change profondément l'esprit de la loi Veil de 1975 sur deux points. Il y a d'abord la suppression dans le droit de l'autorité parentale pour les mineures qui peuvent demander seule l'IVG et se faire accompagner par la personne de leur choix. Ce qui est une dérogation singulière et exceptionnelle aux règles ordinaires de droit concernant un « acte médical » et qui est pris en charge intégralement par l'assurance maladie de manière anonyme. Parallèlement, la loi organise une réduction voire une suppression de la clause de conscience des médecins et des responsables de service de gynécologie et d'obstétrique des hôpitaux publics.

Ensuite, la loi Aubry, en supprimant le délit de provocation à l'avortement, supprime aussi le délit de propagande ou de publicité en faveur des établissements d'avortement et des moyens d'avorter. Inversement, elle généralise le délit d'entrave à l'avortement aux « pressions morales et psychologiques, menaces ou tout acte d'intimidation à l'encontre des personnels médicaux et non médicaux travaillant dans les centres d'avortement et des femmes venues y subir une IVG ou de l'entourage de ces dernières ».

La frêle barrière du délit de provocation qui protégeait la femme des pressions de son entourage (conjoint, parents, amis, services sociaux, etc.) a disparu. La protection dont la femme a particulièrement besoin pendant cette période n'existe pratiquement plus. Or cette protection est malheureusement de plus en plus nécessaire. La violence dans les couples et les foyers ayant, hélas, tendance à s'accroître et la femme en étant le plus souvent la victime. C'est assez paradoxal alors qu'il est admis aujourd'hui de sanctionner les actes de « harcèlement moral » dans le droit du travail, ou encore par la loi du 9 juillet 2010 dans le cadre des violences au sein des couples, loi qui condamne « le fait de harceler son conjoint, son partenaire lié par un pacte civil de solidarité ou son concubin par des agissements répétés ayant pour objet ou pour effet une dégradation de ses conditions de vie se traduisant par une altération de sa santé physique ou mentale » (article 222-33-2-1 du Code pénal).

On le voit, une incrimination possible dans le contexte de l'IVG est très difficile car il faudrait que la femme apporte tout de suite la preuve de l'altération de sa santé. En tout état de cause, elle ne pourrait poursuivre que son conjoint ou son concubin. Paradoxalement, un proche ou un partenaire occasionnel ne pourrait pas être poursuivi.

Nous recevons beaucoup de témoignages de femmes ayant été contraintes à l'IVG, comme celui de Christelle (34 ans) :

> J'ai décidé de vous apporter mon témoignage quant à mon interruption « involontaire » de grossesse, oui je dis bien involontaire car je ne le souhaitais pas. Je l'ai fait après avoir subi des pressions abominables de mon conjoint et des membres de ma propre famille qui étaient au courant (aujourd'hui j'ai coupé les ponts avec mon père). J'ai 34 ans, je suis la maman de trois adorables garçons que j'aime de tout mon cœur. Je suis déjà passée par deux IVG auparavant. La première à l'âge de 18 ans. Après un mariage chaotique et deux enfants, j'ai rencontré un homme plus âgé, qui voulait faire sa vie avec moi et me « faire un enfant ». Il m'a mise en confiance et quand j'ai fini par lui annoncer ma grossesse, il m'a dit qu'il n'en voulait pas et qu'il ne le reconnaîtrait pas. J'ai avorté, mais il m'a laissée tomber une semaine après et plus tard j'ai appris qu'il se servait de moi et qu'il me trompait et cela dès le début de notre relation.

Puis le temps passe, et je rencontre l'homme avec lequel je vis aujourd'hui, que je pensais humain, différent des autres. Mais au final, je me rends compte que je me suis encore trompée. Nous avons pris la décision d'avoir un enfant et nous avons eu un magnifique petit garçon qui a aujourd'hui un peu plus de 2 ans.
Lorsque mon compagnon a appris que j'étais de nouveau enceinte, il a juste dit : « Quelle que soit ta décision je te soutiendrai ». Mais je savais bien qu'il sous-entendait par là de me faire avorter. Pas un seul moment je n'ai pensé à faire partir mon bébé, je n'avais selon moi aucune raison valable de le faire, une voiture 4 places, une maison, une situation confortable, rien ne justifiait cet acte, je voulais assumer et pour moi, un enfant, ce sont certes des responsabilités mais un concentré d'amour !
Lorsque j'ai dit à mon conjoint que je voulais garder cet enfant, c'est là que l'enfer a commencé. J'ai eu droit à des menaces de suicide, il disait que j'étais « responsable de son malheur », que je faisais des enfants pour l'argent, que j'étais une irresponsable, que je ne savais pas m'occuper de 3 enfants alors 4 n'y pensons même pas, il s'est mis à boire encore plus. Pendant ce temps-là, moi je parlais à mon enfant, je l'aimais de tout mon cœur, je lui disais que je serais là pour le protéger envers et contre tout, je voulais même fuir dans un foyer d'hébergement, je ne savais plus où j'étais, j'étais perdue, seule avec tout l'entourage qui me rabaissait et me poussait à avorter. J'ai été rabaissée, humiliée, intimidée pour que je finisse par craquer et ça a fini par arriver.
La veille de partir en vacances, valises bouclées et devant les enfants, mon conjoint m'annonce qu'on ne part plus. Mes fils se sont mis à pleurer et mon conjoint à dire que c'était de

ma faute, lui ne voulait plus partir et je rendais tout le monde malheureux. Et là, j'ai fini par craquer et j'ai accepté. Le matin même j'avais vu mon bébé à l'échographie. Comment pouvais-je tuer ce petit être que je venais de rencontrer? J'avais vu ses petits pieds, ses mains, ses petits doigts, son minuscule petit nez, j'ai vu battre son cœur, je l'ai vu bouger dans mon ventre. Quatre heures plus tard, le géniteur avait gagné, il m'avait eue, avait pris mes enfants en otage. J'ai avorté quatre jours avant la fin du délai légal à 1 000 km de chez moi, c'était le vendredi 26 juillet et le samedi je reprenais la route pour faire 1 000 km et rentrer dans l'autre sens. J'ai l'impression d'avoir commis un « meurtre ». Je suis en colère, je me déteste. J'en veux à cette fameuse loi soi-disant créée pour les femmes, pour leur permettre si elles le souhaitent de ne pas avoir l'enfant « non désiré », et je me dis que cette loi finalement a été créée pour les hommes!
Je ne dis pas de revenir dessus mais les médecins ne peuvent-ils pas refuser un tel acte quand on sait que la femme subit un harcèlement moral pour qu'elle se fasse avorter alors qu'elle souhaite garder son bébé? Aujourd'hui quelque chose est mort en moi, je ne ressens plus rien. La tristesse d'autrui me laisse sans réaction, je me suis enfermée dans une bulle où il n'y a que mes fils et moi. Je ne veux plus voir personne, j'en veux à mon conjoint, je veux partir loin! Pas un jour ne passe où je ne pense à mon bébé, il me manque, je pleure en vous écrivant, mon cœur me fait souffrir. C'est une douleur physique, j'ai l'impression qu'on me le serre très fort et qu'il va exploser. J'ai l'impression de ne plus avoir de but dans la vie, d'être un monstre, je me sens comme sur un nuage d'où je regarde les gens sans vraiment les voir. Je me sens

violée, dépossédée de mon corps, dévalorisée dans mon rôle de mère, je me sens seule sans personne à qui parler.

J'ai demandé pardon à mon bébé pour mon geste, mais je n'arrive pas à trouver la consolation ni la paix de l'âme, j'ai l'impression de n'être qu'une coquille vide. Hier soir, mon conjoint a avoué la vérité à sa mère qui a dit : « Ce n'était pas un bébé, il n'est pas né, elle va s'en remettre, de toute façon c'est sa faute ». Mais comment peut-on dire ce genre d'horreurs ?
Comment peut-on apporter si peu d'intérêt à la vie humaine, si petite fût-elle ? J'ai essayé il y a quelque temps de me faire du mal, tellement je souffrais, j'ai essayé de faire éclater mon foie en buvant une grosse quantité d'alcool, j'ai juste été bien malade, c'était débile ! J'ai beau me dire que je dois me raccrocher à mes enfants, je n'y arrive pas. Je deviens folle, j'en peux plus. Je ne supporte plus de voir un bébé, entendre un bébé pleurer, une femme enceinte. Lorsque je portais ce petit enfant, je me sentais si bien ! Aujourd'hui tout n'est que néant.

Le message d'Alexandra (25 ans) qui suit est typique d'une situation qui devient courante :
- L'insistance du corps médical pour réaliser l'IVG « dans les délais légaux » ;
- La femme qui ne sait plus très bien pourquoi elle y a recours ;
- L'entourage qui ne l'encourage pas à donner la vie. Pourquoi apporter de l'aide à sa fille, son amie, sa nièce alors qu'elle est « dans les temps » pour procéder à l'IVG ?

- Une jeune femme qui n'est pas préparée à « l'aventure » de la maternité et qui a peur de cet événement. Elle a aussi peur de « ne pas rester avec le père » et de ne « pas aimer assez ».

J'ai eu recours à une IVG médicamenteuse il y a un mois environ, car c'était une grossesse non prévue et que j'avais de très fortes douleurs au bas-ventre que mon gynéco et mon généraliste pensaient être liées à une éventuelle future fausse couche. C'était la première fois que je tombais enceinte et j'étais partagée entre joie et peur. Je ne sais plus vraiment pour quelle raison principale je ne l'ai pas gardé mais je dirais que c'est mon entourage qui m'a convaincue que je n'offrais pas le meilleur à cet enfant (j'ai des parents divorcés, peu de famille, une belle-famille pas gentille...). Mais maintenant, je me sens terriblement triste, je suis tout le temps fatiguée. Je n'ai plus de goût à rien. Je suis en colère de ne pas avoir jugé possible que cet enfant ait pu être heureux. J'avais aussi peur de ne pas l'aimer assez et qu'avec le père ça ne dure pas. Je ne sais pas comment aller mieux et avancer de nouveau. Je pense que je suis en dépression et tellement fatiguée. Merci pour votre aide.

Vanessa (28 ans) nous explique comment elle n'a pas pu avoir l'enfant qu'elle voulait pourtant avoir. Elle était prête à l'assumer seule mais les pressions et les menaces de son partenaire furent plus fortes.

Je souhaite vous faire partager mon expérience. Elle m'est propre mais je suis certaine qu'elle doit malheureusement être commune à bien d'autres femmes. Le soir de mes 28

ans, il y a presque un mois, je me suis rendu compte que j'étais enceinte, événement qui n'est pas arrivé dans une situation idéale. D'abord un peu assommée, car au moment de l'apprendre je ne suis plus avec « la personne », je l'en informe donc car j'estime cela normal, ne voyant pas le danger qui m'attend. Il se retrouve être lui aussi assommé, ne réagit pas dans un premier temps, mais me fait part de suite de son souhait que j'avorte, ce à quoi je lui réponds que « cela me demande réflexion ». Deux semaines se passent alors, sans plus de nouvelles de sa part. Pendant ce temps, commence la réflexion pour moi ; au fond je le sais, je garderai cet enfant coûte que coûte même s'il est évident que je l'assumerai seule, sans aide de sa part et surtout sans « plus » lui imposer ce choix.
Je suis à 7 semaines de grossesse au moment où je lui annonce fermement ma décision. Là commence pour moi le calvaire, il se montre d'abord culpabilisant puis très menaçant, il profère ses menaces de mort par le biais de tierces personnes, proches de moi et dont il espère que leurs paroles me feront changer d'avis ; puis poursuit ses menaces envers moi directement. Il est précis et calculateur, il ne laisse pas de traces de messages ou autres. Il rôde autour de chez moi, m'explique ce qu'il compte me faire et comment le faire et là, pas à pas, moi qui ne suis pourtant pas trouillarde je prends peur, dans un dernier accès de courage, n'en pouvant plus de ce harcèlement, n'en pouvant plus de vivre cachée chez moi, dans la honte et la peur, sursautant aux moindres bruits, je décide de porter plainte. La plainte m'est refusée ! L'OPJ [officier de police judiciaire] accepte seulement de prendre une main courante et me dit que des dossiers de ce genre il en a 100 sur son bureau, que je ne porte pas de traces de coups, que

c'est donc ma parole contre la sienne... et qu'il ne pourra pas placer un policier devant ma porte. Mais pour finir, il me dit qu'au vu des faits il le convoquera... Ce qu'il ne fera pas. Je le saurai par la suite.
Je me suis tournée vers votre association, j'y ai d'ailleurs été très bien accueillie, écoutée et conseillée, un hébergement d'urgence m'a même été proposé. Mais jusqu'au bout, j'ai espéré le faire changer d'avis. Alors, le matin de l'intervention, je suis montée en voiture avec lui, je l'ai supplié, j'étais apeurée! Mais rien n'y a fait. Il n'a fait que nourrir davantage ma peur. Le lundi 13 janvier, j'ai subi une IVG à 9 semaines de grossesse, très mal accueillie dans la clinique où je me suis rendue. J'ai mis deux heures à hésiter pour prendre les cachets, je me suis fait « engueuler » pour le coup! C'est vraiment le terme, parce que je traînais trop d'après eux à prendre leurs cachets. Il faut savoir que lui est resté sur le parking de la clinique de 7 heures 30 à 17 heures, afin que je n'oublie pas qu'il était présent.

Aujourd'hui, je suis au bord du gouffre, désemparée, désespérée, en colère contre moi, contre lui. Et si culpabilisée! Ce sentiment violent d'injustice me ronge, cette sensation d'avoir perdu une partie de moi et d'être en deuil. Je n'arrive toujours pas à réaliser les violences dont j'ai été victime, je ne me suis jamais rabaissée devant les obstacles et là, j'ai le sentiment de m'être presque tuée. Je me sens coupable de la perte de cet enfant à venir, j'aimerais le vivre mieux mais ce n'est pas le cas. Je me suis infligé ce mal qui me ronge, dans mon corps et dans ma tête, j'ai tu ses menaces à tous mes proches de peur de faire davantage de mal. Je me suis oubliée, j'ai pensé à tous sauf à moi ou à ma santé. Le pire étant de s'infliger ce mal sous la contrainte. Refaire surface me paraît impossible! Un long parcours m'attend mais, aujourd'hui, je ne sais pas de quoi demain sera fait.

Le jeune âge de la femme ne change pas la nature de ces pressions, ni la détresse psychologique que provoque en elle ce sentiment de « devoir faire l'IVG ». Camille (17 ans) nous livre ici les types de pressions sournoises qu'elle a subies, ainsi que le mensonge, la déloyauté et la duplicité :

J'ai 17 ans, j'ai subi une interruption volontaire de grossesse le mardi 10 juin 2017. Mon ex-copain et moi l'avons appris courant mai, il m'avait quittée quelques jours plus tôt. Nous avons alors décidé que j'avorterais malgré mon énorme tristesse. Il ne comprenait pas mais pour moi, j'allais tuer ce bébé, qui aurait pu être notre enfant. Il m'avait promis que, dès que cet embryon ne serait plus dans mon ventre, nous allions retourner ensemble. Il a alors profité de moi. On a fait l'amour, il me disait qu'il m'aimait.
Alors, ce 10 juin, j'y suis allée plus sereine, pensant que je n'allais pas vraiment finir seule après l'IVG. Pendant l'intervention par aspiration avec anesthésie locale, c'était un cauchemar. L'infirmière m'a posé ce masque qui délivre un gaz qui shoote. J'ai commencé à partir ailleurs. Je n'ai rien vu se mettre en place. Un moment, j'ai ouvert les yeux, je sentais que l'intervention était en cours, je me suis rendu compte que je faisais une erreur, que c'était mon bébé, je voulais leur dire d'arrêter mais je n'y arrivais pas. Ma respiration a littéralement accéléré, j'ai commencé à pleurer tout en étant shootée. Je me suis rendormie et une fois tout ça terminé, j'étais calme. Je ne me suis pas rendu compte tout

de suite de ma profonde tristesse. Mon ex-copain est venu me chercher et m'a ramenée.
Le lendemain, il m'a avoué qu'il avait menti sur ses sentiments pour que je fasse l'IVG et pour qu'il ne se retrouve pas humilié devant sa famille, avec la responsabilité d'un enfant. J'ai donc perdu celui que j'aimais. Et je viens petit à petit de me rendre compte que j'ai perdu mon bébé. Cela aurait été difficile de l'élever, mais j'y serais arrivée. Il m'a volé mon bébé, je suis triste, extrêmement triste. Si seulement j'avais pu parler lors de l'intervention. Ne vous laissez pas influencer par des avis extérieurs, pensez à vous en premier. Je regrette d'avoir tué ce bébé, mon bébé. Je regarde mon ventre maintenant et j'en pleure.

Anaïs (19 ans) décrit son cauchemar :

Je m'appelle Anaïs, j'ai 19 ans et j'ai dû procéder à l'IVG en septembre sous la pression de mon copain… Je n'ai jamais subi quelque chose d'aussi horrible que ça ! Je m'en veux horriblement d'avoir « supprimé » mon bébé, tout cela à cause de mon copain… Mon copain travaille, on a une maison, il a 28 ans mais reste très enfant dans sa tête, pour moi je voulais le garder car j'ai fait plusieurs fausses couches avant. Mais lui n'en voulait pas car il n'avait juste « pas envie » et me répétait à longueur de journée : « Il faut tuer le bébé »… Aujourd'hui, nous sommes encore ensemble mais il y a encore beaucoup de tension entre nous à cause de cela. Il ne comprend pas que je puisse être triste pour une « larve de quelques centimètres » comme il dit… C'est très dur à supporter et si je devais revenir en arrière, j'aurais préféré garder mon petit être que de me sentir aussi seule et aussi honteuse aujourd'hui…

Élodie (17 ans) a avorté il y a deux ans sous la contrainte de ses parents :

Le 19 septembre 2015 (date qui sera à jamais gravée), j'ai dû me faire avorter de force par l'obligation de mes parents. J'avais 15 ans mais dans ma tête j'étais beaucoup plus mûre. J'aimais cet enfant que je portais dans l'attente d'une place à lui donner et je me suis encore plus attachée. À 7 heures 30, direction le bloc opératoire, j'ai pleuré, hurlé aux médecins de me laisser, je ne voulais pas ! Mais malgré cela, ils m'ont injecté de la morphine puis trou noir : je me réveille, j'étais vide, mon âme était vide. Plus aucun mot ne sortait de ma bouche, plus aucune phrase. Si. Ce n'étaient que des larmes qui coulaient le long de mon visage, ma douleur était tellement immense que je ne pouvais la décrire. J'ai passé deux ans de ma vie, jusqu'à aujourd'hui, à me détruire. La drogue est devenue mon quotidien, mon oxygène depuis cette tragédie. Mon cœur est brûlé de douleurs, parfois je me regarde dans un miroir et je maudis ce monstre que je suis d'avoir laissé tuer mon bébé. « *À 12 semaines, tu vivais en moi !* » Je me suis perdue et je n'arrive plus à me retrouver, la douleur est toujours là ! Je suis vivante physiquement mais morte intérieurement depuis deux ans, l'espoir m'avait fait vivre mais plus rien n'est devenu important depuis ce jour. Seules, les victimes d'un avortement comprennent ce que je décris ! Cette torture me bouffe à petit feu. J'espère que mon ange m'a pardonné. *Toute ma vie, je t'aimerai jusqu'à mon dernier souffle. À mon ange, je t'aimerai pour TOUJOURS…*

Sonia (47 ans) parle de la pression de ses « proches » :

> J'ai pris récemment la décision d'une IVG trop rapidement ; surtout par peur d'avouer ma grossesse tardive à mes proches car j'ai 47 ans... Mais je n'arrive pas à accepter cet acte et il est très difficile pour moi de vivre avec cela... Avec mon mari, et malgré les risques des grossesses tardives, nous pensons tenter à nouveau une nouvelle grossesse. C'est une chose que nous n'envisagions pas avant cet « événement », mais ce projet d'accueillir un nouvel enfant est devenu pour nous une évidence...
> Nous nous sentons tellement meurtris par cette IVG... cela a été trop rapide, trop facile ! Nous n'avons pas eu le temps de comprendre ce qui nous arrivait... Je souhaiterais recevoir des témoignages de personnes qui ont eu une grossesse tardive et sans complications après IVG.

Alexandra (37 ans) a fait deux IVG. Mais elle n'a pas pu résister aux pressions de son mari :

> J'ai 37 ans et deux enfants. Mon mari et moi nous nous sommes connus il y a seize ans. Nous avons toujours pris le temps de bien faire les choses. Finir les études, se marier, acheter notre maison et avoir des enfants. Je suis issue d'une grande famille, élevée sans père et à la maison, les discussions mère-fille étaient taboues. Je suis tombée enceinte dans les mois qui ont suivi notre rencontre, malgré l'utilisation de préservatifs. Je me souviens encore du jour, je me revois dans les bras de mon mari en train de pleurer le test à la main ! Nous étions complètement paniqués ! Lui était encore plus jeune, il travaillait déjà mais moi je terminais mes études !

Comment l'annoncer à ma mère, cela n'était même pas envisageable ! Après plusieurs jours de détresse, nous avons programmé une IVG. Mon mari en était malade, il a tout assumé financièrement, il m'a accompagnée, m'a soutenue, je vois encore son visage décomposé lorsqu'ils sont venus me chercher ! Nous avons loué une chambre, il est resté près de moi toute la nuit en me serrant dans ses bras ! Cette situation était affreuse, je me souviens tellement de son mal-être, certainement sa culpabilité mais en même temps, j'avais reçu tellement de tendresse et d'amour ! Avec le temps, nous avons surmonté tout cela et je ne voulais pas élever mon enfant dans de mauvaises conditions, conditions difficiles que moi-même j'avais connues ! Je ne me suis pas préoccupé de ce que je ressentais mais plutôt de l'avenir de cet enfant, et de tout ce que je m'étais promis de ne pas lui faire vivre ! J'ai terminé mes études, trouvé un travail, nous nous sommes mariés, avons acheté une maison et j'ai mis au monde mon premier enfant ! Cette grossesse était la plus belle chose au monde, je me souviens de chaque détail ! J'avais tant d'amour à lui donner que neuf mois me paraissaient interminables, je ne dormais plus la nuit tant j'étais impatiente de la rencontrer ! La naissance d'un enfant est la plus belle chose au monde ! Mon mari n'était pas très expressif au cours de la grossesse, il était très stressé et encore plus lorsque j'ai été en arrêt de travail à 6 mois et demi ! À partir du moment où il a vu sa fille, il en était fou ! C'est un excellent père, toujours à se lever la nuit, les soigner lorsqu'ils sont malades…

Deux ans et demi plus tard, nous avons eu un deuxième enfant. Les années passent, notre petite famille était un vrai modèle au regard de tous, tout comme l'était notre couple depuis toutes ces années ! Mon mari a été contraint d'accepter un poste dans une autre région. Nous avons subi un déménagement, je dis cela car c'est vraiment le terme. Vendre sa maison, quitter sa famille, ses amis, son travail et tout recommencer ailleurs, à plus de 900 kilomètres! Pas facile, trois ans de difficultés, de disputes régulières, un couple qui se dégrade et qui ne comprend pas ce qui lui arrive! Nous avons fait construire notre maison, je n'arrivais pas à m'investir dans ce projet, lui me le reprochait sans cesse, et nous n'arrivions plus à communiquer jusqu'au jour où nous avons pris conscience que cela allait trop loin, il fallait réagir! Nous nous sommes rapprochés intimement petit à petit, essayant de retrouver ce que nous avions perdu! En septembre dernier, je redoutais le pire, et cela est arrivé: j'étais enceinte (entre l'arrêt de la pilule et la pose d'un stérilet). Je n'arrivais pas à croire ce qui m'arrivait, c'était injuste après toutes ces périodes de crise et les retrouvailles avec ma vie d'avant. Face à ce test, j'étais terrifiée, paniquée, je culpabilisais comme une enfant ayant commis l'irréparable! Je me suis mise à trembler, à pleurer, tout se mélangeait dans ma tête: comment allions nous faire? Nous n'avions pas prévu de troisième enfant, je n'avais même pas de chambre pour l'accueillir! Lorsque je l'ai annoncé à mon mari (en déplacement professionnel), il était dans le même état que moi! Il me faisait prendre conscience de l'aspect financier, du fait qu'il ne voulait plus revenir en arrière, par les contraintes des nuits, des couches, etc.

Effectivement, je prenais conscience de tout cela, la deuxième ayant déjà 6 ans. Je me disais qu'il n'avait pas tort et nous venions tout juste de nous retrouver! Remettre encore mon enfant chez une nourrice ou en crèche toute la journée, n'avoir plus personne sur qui compter! Il fallait tout remettre en question! Mon mari est rentré, me montrant de plus en plus de détermination à vouloir régler cette situation et moi de moins en moins. Cette « situation », ce « problème », cela en était juste un, dont il fallait se débarrasser. C'est ce qu'il me faisait comprendre et ressentir! Et après cela, la vie continuerait comme avant! Comme si rien ne s'était passé! Plus les jours passaient, et plus j'essayais de trouver une solution, mais pour le garder! Mon mari me disait que j'étais totalement inconsciente, que ce serait au détriment de mes deux enfants, de nous, de nos retrouvailles, de notre projet immobilier et qu'il ne voulait tout simplement pas de cet enfant, un point c'est tout! Je venais le rejoindre chaque jour dehors pendant qu'il travaillait, essayant de le convaincre que cet enfant était peut-être un signe. Je le suppliais de ne pas me faire revivre cette situation une seconde fois! Je lui disais que j'avais un mauvais pressentiment et lui me disait: « Arrête avec ça, c'est parce que tu veux le garder! » Il me reprochait de ne plus le suivre dans cette démarche, d'avoir changé d'avis! Mais ce premier avis était lié à la panique, à l'angoisse, un enfant c'est une décision importante! Moi-même, à ce moment et encore plus aujourd'hui, je m'en veux! Je m'en veux d'avoir réagi de cette manière, si j'avais su prendre du recul avant de lui annoncer la nouvelle, j'aurais pu lui exprimer immédiatement ce que je ressentais et ressens toujours aujourd'hui.

J'ai cette plaie immense qui tente de se refermer à certains moments pour s'ouvrir davantage à d'autres et qui me fait de plus en plus mal! Je revois les petites mains de mes enfants me faisant signe lorsque mon mari m'emmenait chercher ces foutus cachets! Je me vois dans ce cabinet, au milieu des faire-part de naissance, composer le code de ma carte bleue comme pour payer un morceau de viande alors qu'il s'agissait de mon bébé! Ce petit être qui me montrait déjà sa présence! Mon gynécologue m'avait prévenue et une seconde fois, en présence de mon mari, il m'a dit: « C'est votre corps, c'est vous qui allez subir les conséquences, vous et seulement vous, il faut prendre votre propre décision ». Comment faire pour « imposer » cet enfant à mon conjoint? Lui qui vous rappelle que si vous lui faites cela, vous assumerez, vous changerez seule la voiture, vous finirez les travaux de la maison, etc.! Le 10 octobre 2013, je rentrais à la maison avec ces cachets, rien de plus simple! J'avais subi sur le chemin la colère de mon mari, voyant que je ne pouvais pas avancer tellement je pleurais! Je suis une maman, je ne suis plus une gamine, je sais ce que c'est que de donner la vie, je n'étais plus prête à en supprimer une seconde! Cela était une fois de trop! Pour cette IVG, nous n'avions aucune excuse! C'est ce que je n'arrêtais pas d'expliquer à mon mari, contactant même le site SOS IVG. La personne que j'ai eue a très vite compris que je ne pourrais pas assumer cette IVG et à demander à parler à mon mari. Il a trouvé cela intéressant pendant une minute tout comme pour mon gynéco, qu'il trouvait « pas mal aussi, au niveau de sa philosophie »! Puis, bien sûr, il est reparti dans ses convictions sans tenir compte des miennes! Je ne pouvais regarder ces cachets, posés dans un tiroir, c'était horrible de penser que j'allais devoir les mettre dans ma bouche, qu'ils stopperaient la croissance de mon bébé, pour ensuite l'expulser! J'étais à la limite (7 SA). Mon mari me disait de les prendre le dimanche pour être à la maison deux jours plus tard pour l'expulsion, mais jusqu'au dernier moment je ne pouvais croire qu'il ferait une chose pareille!

J'étais persuadée qu'il ne pouvait aller jusqu'au bout, étant déjà papa deux fois et tellement aimé de ses enfants.
Le soir de ce 13 octobre, je me souviens de tout, même de ce que j'ai préparé pour le repas, de ce foutu reportage qu'ils passaient sur les risques d'accouchements d'enfants anormaux ! Et mon mari qui me regardait pour approuver ! Car selon lui, notre enfant n'était peut-être pas normal ! Nous avions eu de la chance pour les deux premiers, alors pour le troisième, peut-être qu'il culpabilisait moins de se dire cela ! La prise du premier comprimé a été une horreur, comme un coup de poignard en plein cœur. J'ai eu mal à la poitrine comme jamais. J'avais du mal à contrôler ma respiration et lorsque j'imaginais ce que j'étais en train de donner à mon bébé, j'avais envie de me faire du mal à moi-même ! Pendant ce temps, mon mari regardait la télé, me disant que s'il venait vers moi, je le repousserais ! Et déjà je le sentais soulagé ! À partir de cet instant, mon état psychologique s'est dégradé.
On a beau vous dire que ce n'est qu'un embryon, vous ôtez le droit de vivre à un petit être ! Et c'est une des raisons pour laquelle une mère souffre tellement. Le médecin m'a immédiatement mise en arrêt et donné les coordonnées d'un psy, rendez-vous un mois plus tard, autant dire que c'est long ! Deux jours plus tard, vers 20 heures 30, j'ai dû prendre le deuxième comprimé pour l'expulsion. Je me sentais comme morte et je redoutais ce qui m'attendait. J'ai eu des contractions comme pour accoucher, une heure et demie plus tard, puis vers 23 heures 30, j'ai eu très mal et je sentais quelque chose descendre, je suis allée dans les toilettes, et là j'ai vu ce qu'il ne fallait surtout pas voir : je me souviens encore de cette poche blanche, avec plein de

vaisseaux, ses yeux, c'était horrible. Puis les contractions se sont arrêtées, j'avais vécu un accouchement mais je n'avais plus de bébé ! Vers 5 heures du matin, j'étais pleine de sang ; je suis allée sous la douche et là je perdais des morceaux de placenta et tous ces déchets, c'était horrible ! J'étais seule et je pleurais en essayant de ramasser tout cela. Les jours suivants, je continuais d'avoir des maux de ventre, je n'arrivais pas à me baisser suffisamment pour enfiler mes chaussures. J'ai appelé le gynécologue pour le rendez-vous post-IVG (écho de contrôle). J'avais du mal à marcher correctement. Le gynéco ne pouvait me recevoir que le 5 novembre. Je lui ai expliqué mes douleurs en arrivant. Il me fait l'écho et m'annonce que j'ai un énorme kyste (de la taille d'un pamplemousse) sur l'ovaire. Il repart à son bureau et planifie une intervention d'urgence, « Vous entrez demain et je vous opère après-demain, vous avez eu de la chance », me dit-il. « Et mes ovaires ? C'est dangereux ? — Nous verrons en opérant si tout est en bon état », me dit-il. Je vous passe les détails de mon état. Je rentre, je l'annonce à mon mari qui ne s'attendait pas à cela et il fallait expliquer aux enfants que j'allais partir à l'hôpital. L'opération se passe, retour à la maison, une infirmière chaque jour, qui remarque ma détresse. Je continue d'avoir des maux de ventre et aussi des brûlures, on me dit que cela doit être normal, il faut attendre car je viens d'être opérée, mais je sens bien que cela n'est pas normal. Une semaine plus tard, lors d'un prélèvement, on trouve des colonies de *candida krusei*. Le gynécologue ne me rappelle jamais car il me dit ne pas savoir soigner ces champignons. Il demande conseil à d'autres médecins, on me prescrit du VFEND sans trop connaître le bon dosage (médicament obtenu uniquement en pharmacie du centre hospitalier), décembre se passe, janvier, février. Les *candidas* sont toujours là ! Le gynéco me dit qu'il ne sait pas quoi faire et que si un autre médecin peut me soigner, il passe la main volontiers ! Les infirmières, affolées de me voir revenir sans cesse, parlent de mon cas à l'infectiologue, qui me conseille de tout arrêter !

Aujourd'hui, j'ai refait un prélèvement, les *candidas* sont toujours là, je le savais, étant donné mes maux de ventre au quotidien et mes brûlures et j'ai une nouvelle infection ainsi qu'une mycose, je suis sous antibiotiques et cela dure depuis presque un an ! J'ai également une grosseur qui est apparue à la poitrine, j'ai dû faire écho, mammo et finalement biopsie. Les résultats sont négatifs mais je dois refaire des examens car elle évolue de plus en plus. Tout ceci est hormonal et évidemment on vous dit que peut-être rien n'est lié. Comment le savoir ?

Si j'ai pris autant de temps à vous raconter mon histoire, ce n'est pas pour demander à chaque femme de renoncer à l'IVG, je pense simplement que derrière toute décision se cache une raison. Mais en ce qui me concerne, ça ne l'était pas. Mon mari croyait que cette grossesse était le pire qui pouvait nous arriver mais lorsque je vois tout ce que j'endure depuis bientôt un an, tous ces problèmes de santé et cette souffrance intérieure ! Je la vis seule et j'ai tout perdu. J'ai 37 ans et j'ai l'impression que ma vie ne sera plus jamais la même après ça ! J'essaie de tenir le coup pour mes enfants. Il faut connaître la peur, le désarroi et le regret de se dire que tout cela n'aurait pas dû se passer, que j'aurais pu avoir cet enfant ! Être fatiguée et se disputer à cause de ce mode de vie, mais cela n'est tellement rien comparé à mes problèmes actuels. Et malheureusement il faut le subir pour qu'il en prenne conscience, ou peut-être c'est ce qu'il veut me faire croire maintenant qu'il est trop tard ! En attendant, je ne sais pas comment je serai dans un an ! Je voudrais tellement revenir en arrière ! Pouvoir changer les choses et que tout redevienne comme avant ! On ne prend pas les mêmes décisions à 20 ans et à 40, et on ne les vit pas de la même manière ! Merci pour les témoignages des autres, qui m'aident à me sentir moins seule ! J'espère que le mien vous aidera car je n'ai pas pour habitude de me dévoiler autant ! Bon courage à toutes !

Mélanie (19 ans) attendait des jumeaux, sans le savoir, car le médecin lui *avait caché* cette information essentielle qu'elle avait pourtant le droit de connaître :

Je m'appelle Mélanie et j'ai 19 ans. Mon histoire est une épreuve difficile. Au mois d'avril, je suis tombée enceinte par accident sous pilule. On m'a forcée à faire cette IVG car je n'avais pas de ressources personnelles, j'ai subi le harcèlement de mes proches. Même si mon copain avec qui je suis depuis quatre ans avait un salaire, tout le monde me disait que ce n'était pas suffisant ! Donc j'ai cédé, je suis allée chez ma gynécologue et j'ai pris des médicaments pour l'IVG. Ce fut le moment le plus terrible de ma vie ! À ce moment même je passais mes examens et sur ma chaise je me suis vidée de mon sang, j'ai perdu beaucoup de caillots et j'ai vu mon petit bébé tomber. Totalement détruite, quelques jours plus tard, je me suis rendue chez ma gynécologue pour une visite de contrôle post-IVG. Et là, j'apprends qu'on m'avait caché que j'attendais des jumeaux. Elle m'avait donné le double de médicaments sans rien me dire ! Ce qui m'a causé plusieurs

hémorragies, une visite aux urgences. Et il restait encore un bébé!
Je me suis rendu aux urgences et je n'ai plus voulu passer à l'aspiration mais on m'a dit qu'il y avait des risques pour mon bébé à la suite des médicaments. Donc j'ai cédé et j'ai fait une autre IVG par aspiration qui m'a valu une hospitalisation de quelques jours car j'avais beaucoup trop de risques de complications.
Après cet avortement double, je suis rentrée chez moi détruite, anéantie et par suite des demandes de mes proches qui ont insisté pour faire une visite de contrôle, je suis retournée chez ma gynécologue. Elle m'apprend que j'ai une infection grave dans l'utérus qui me le ronge petit à petit car au bloc cela ne devait pas être totalement stérile. C'était la goutte d'eau qui a fait déborder le vase! Car j'ai perdu deux bébés et à ce jour je n'ai plus beaucoup de chance d'en avoir.
Vous devez deviner la suite: tentative de suicide par médicaments, puis grosse dépression, hospitalisation en psychiatrie et je suis toujours sous cachets et en visite chez des psys! Je suis toujours traumatisée. Je n'ai qu'une chose à vous dire, beaucoup sont contraintes d'avorter par leurs proches mais personne ne comprend notre douleur! Donc allez jusqu'au bout! Si vous ne voulez pas avorter, ne le faites pas car c'est votre vie qui en dépend après. Bon courage à toutes!

Karine (20 ans):

J'ai appris que j'étais enceinte de 6 semaines au début des grandes vacances. J'en ai informé mon copain qui n'a pas voulu entendre parler de cet enfant. Il m'a demandé de choisir entre lui et le bébé. J'ai été déçue et surprise de sa réaction. Il m'a laissée me débrouiller seule dans cette situation. J'ai pris la décision d'avorter pour « respecter son choix ». De plus, il m'a dit qu'il ne reconnaîtrait pas l'enfant et qu'il me lâcherait si je le gardais. J'ai pris rendez-vous au planning familial. J'ai effectué les premiers examens. Le 4 août à 12 semaines de grossesse, je suis allée avorter seule à l'hôpital de jour. Le matin, avant de partir au bloc, il me parlait par messages, m'encourageait... Quatre heures après, je revenais de la salle de réveil, je me suis précipitée pour lui parler par messages, mais il s'est forcé à répondre seulement quinze jours plus tard. Trois semaines après, il a fait sa réapparition. Il voulait qu'on se revoie, comme si tout cela n'avait pas eu lieu. J'ai été seule du début à la fin dans cette mauvaise période. Je n'ai pas eu l'impression que mes amis comprenaient ce que je vivais. Mais tant que cela ne nous arrive pas, on ne peut pas comprendre... Aujourd'hui, les liens entre mon copain et moi sont bien rompus. J'essaye de reprendre ma vie en main. Je ne pensais pas que ça serait aussi difficile...

Angélique (29 ans) :

J'ai eu une IVG par médicaments il y a une semaine, jour pour jour, le 17 juin 2016, une date qui restera gravée dans mon cœur à tout jamais. Je suis en couple depuis cinq ans, mariée depuis deux ans, et maman de deux enfants déjà (4 ans et 1 an et demi). À chaque début de grossesse, mon mari me disait « Tu avortes ! », ce qui n'a pas été le cas pour mes deux enfants, car il était hors de question que je fasse cet acte. Je suis donc tombée enceinte à nouveau, et même réaction de mon mari, « Tu avortes ! »

J'ai essayé de parler avec lui pour ne pas avoir à le faire, mais nous n'avons vraiment eu que deux jours (entre le test de pharmacie, la prise de sang et le rendez-vous avec le gygy). Mon mari ne voulait pas le garder, car financièrement c'était difficile, étant donné que mon mari est seul à travailler et que nous sommes au début de la construction de notre maison. Quand je dis début, c'est que nous avons trouvé le terrain et la maison que nous souhaitons construire, mais nous sommes en attente de l'acceptation du crédit ! Voilà pourquoi mon mari n'a pas voulu le garder… Nous sommes donc allés chez le gygy, avec une écho pour confirmer la prise de sang. Donc j'étais bien à ma sixième semaine de grossesse. À peine l'écho finie, sans me dire de réfléchir les huit jours légaux comme il avait l'obligation de le faire, le gygy m'a fait une ordonnance, m'a envoyée au service maternité pour prendre les trois premiers comprimés qui ont arrêté le cœur de mon bébé. J'ai eu bien du mal à les avaler, car pour moi, ce n'était pas possible que je TUE mon bébé. Mais je les avale au bout d'une heure, et je rentre chez moi ! De fortes douleurs au ventre m'ont prise, à en être pliée en deux, et ce jusqu'à la veille du retour à la maternité pour prendre les autres médicaments. La veille, des saignements ont commencé. Le 17 juin 2016, je vais à mon rendez-vous de 9 heures et on me donne deux comprimés que j'avale vite car la sage-femme ne me lâchait pas du regard, et là, je commence à paniquer, à pleurer, à me dire que cette fois j'ai vraiment tué mon bébé, que tout est fini. Je commence à avoir des fortes contractions, beaucoup de saignements, limite hémorragie, à 11 heures 30 environ, je vais aux WC pour faire pipi. En fait, je n'avais aucune envie, j'avais juste un bout de chair minuscule qui sortait de moi, je me suis vite rhabillée et suis vite allée me rallonger dans le lit en pleurant car je savais très bien que c'était mon bébé qui partait. À 12 heures, la sage-femme revient me voir et me demande où j'en suis. En fait mon bébé était « coincé », du coup rebelote, deux autres comprimés, afin que mon bébé puisse être expulsé. 12 heures 50, je vais aux toilettes, à peine assise j'entends un gros « plouf », je sonne l'infirmière qui arrive dans la seconde qui suit, je lui dis que « tout est fini », que j'ai tué mon bébé, et là elle regarde, me dit de me lever et de ne pas tirer la chasse car une sage-femme devait venir vérifier. Je suis restée pendant une heure à regarder mon bébé dans les toilettes, mon bébé qui avait déjà des jambes, des pieds, des bras, des mains, une tête un peu déformée, certes, mais avec des petits yeux minuscules...

La sage-femme arrive et me confirme que c'est bien le bébé qui est parti. Elle me demande si elle doit tirer la chasse d'eau ou si c'est moi qui allais le faire, je lui ai dit que je le ferais. J'ai appelé mon mari pour qu'il vienne voir ce qu'il avait tant souhaité depuis bien longtemps, afin qu'il voie ce que son bébé allait devenir, et là je lui ai dit « *Tu sais, on a un projet: bien avancer pour la maison, mais tu vois, la maison on aurait pu attendre trois ou cinq ans de plus, on aurait eu la même. Or ce bébé, je l'ai tué à contrecœur pour toi, et on l'a perdu à jamais* ». Depuis je lui en veux énormément, même si je l'aime. Mais je ne peux pas vivre une seule seconde sans penser à mon bébé! Ce petit être innocent que j'ai tué. Mon bébé n'est pas parti en tirant la chasse d'eau, je l'ai récupéré dans un linge et je l'ai incinéré chez moi. Il est tous les jours avec moi car j'ai mis ses cendres avec mon palmier qui est dans un pot, et tous les jours, je vais lui parler, lui demander pardon. Aujourd'hui, je ne me sens plus femme et encore moins mère. J'ai fait cela à contrecœur pour mon mari ! Je regrette énormément mon choix et ne le referai plus jamais. Je suis allée sur Internet et j'ai vu beaucoup d'images et de vidéos d'IVG, c'est horrible, je les ai montrées à mon mari qui a été très choqué et qui regrette également beaucoup son choix. Mais trop tard, le mal est fait. Avant de faire le choix d'avorter ou non, les femmes devraient aller voir sur Internet la réalité de l'IVG ! Honnêtement, j'ai vécu deux accouchements, sept fausses couches, et à côté d'une IVG, ce n'est rien du tout. Ne faites pas ça sur un coup de tête comme moi, ni sous l'influence de quelqu'un !

Chapitre VII

L'éthique médicale et l'IVG

Même si nous manquons là encore de statistiques à ce sujet, les indices se multiplient quant au fait que de moins en moins de médecins et d'infirmières souhaitent pratiquer des avortements chirurgicaux[1]. En Italie on parle de 70 % des médecins qui refuseraient de les pratiquer[2]. Concrètement, dans l'IVG chirurgicale, à partir de la 9e semaine, le corps médical doit s'assurer que le fœtus a bien été expulsé en examinant visuellement les « matériaux humains » provenant de l'aspiration. Pour examiner les tissus, il est ainsi recommandé de les placer dans une compresse ou une passoire et de les rincer à l'eau. « La technique chirurgicale repose sur la dilatation du col et l'évacuation du contenu utérin par aspiration dans des conditions strictes d'asepsie. L'évacuation de l'utérus par la seule aspiration est souvent incomplète entre 12 et 14 SA. Elle doit être complétée par une extraction des débris fœtaux avec une pince. L'aspiration a largement supplanté le curetage. Elle présente l'avantage d'une évacuation rapide avec un traumatisme utérin minimum[3]. »

1. ouest-france.fr/la-situation-de-lIVG-se-degrade-425683.
2. blastingnews.com/societe/2017/07/70-des-medecins-en-italie-refusent-lIVG-par- objection-de-conscience-001824017.html.
3. campus.cerimes.fr/gynecologie-et-obstetrique/enseignement/item28/site/html/cours.pdf.

Dans les IVG et les IMG (interruptions médicales de grossesse) du deuxième et troisième trimestre, le fœtus est le plus souvent supprimé *in utero* juste avant « l'expulsion » qui techniquement ressemble à un véritable accouchement. Le « geste fœticide » est accompli le plus souvent par un médecin. La sage-femme participe à l'intervention pour la délivrance mais en principe ne pratique pas le « geste létal ». Des études étrangères ont montré que les fœtus pouvaient vivre plusieurs minutes après un avortement en tentant de respirer. Ce taux atteint près de 10 % de fœtus vivants à la suite d'un avortement de 23 semaines[4]. En France, l'IMG peut être juridiquement pratiquée jusqu'à la 40e semaine.

Le Professeur Michèle Uzan, chef de service de gynécologie obstétrique de l'hôpital Jean Verdier de Bondy, lors de son audition à l'Assemblée Nationale à propos de l'allongement des délais de l'IVG qui était prévu par la loi Aubry, faisait en avril 2000 le constat suivant :

> « Si l'on augmente le délai de douze à quatorze semaines, des femmes se présenteront à seize, dix-huit ou vingt semaines ; or aujourd'hui, l'on s'occupe de nouveau-nés à partir de vingt-quatre semaines d'aménorrhée : où est la limite entre l'IVG tardive et l'accueil en réanimation néonatale[5] ? »

Le Professeur Friedman, toujours dans le cadre des auditions à l'Assemblée Nationale, confirmait que ces actes étaient difficilement supportés par le corps médical.

---

4. *BJOG: An International Journal of Obstetrics & Gynaecology*, May 2007, volume 114, issue 5: 639-642.
5. assemblee-nationale.fr/11/cr-delf/99-00/c9900012.asp.

> « L'acte est plus difficile à réaliser qu'une aspiration, car vous devez sortir souvent un membre après l'autre. Il y a une représentation visuelle qui, incontestablement, perturbe plus les médecins qui le pratiquent[6]. »

Après la 24e semaine de grossesse, le praticien est souvent placé dans une situation juridiquement et éthiquement en conflit avec les principes du droit car les fœtus sont viables à l'accouchement et le médecin serait dans l'obligation, au niveau de sa déontologie médicale, d'essayer de faire vivre le bébé en danger de mort. On mesure la contradiction dans laquelle il peut se trouver plongé. Aussi, il n'est pas rare de voir des médecins qui après avoir pratiqué un temps des interruptions de grossesses « jettent l'éponge ».

Les médecins qui font des avortements trouvent désormais de nouveaux arguments pour conforter leur pratique dans ce domaine. Ainsi le Dr Winckler écrit sur son blog :

> Je suis donc médecin généraliste pratiquant en centre de planification et d'orthogénie, dans un hôpital de province, et ce depuis quelques années. J'accompagne des femmes dans leur parcours d'IVG, par choix, et du mieux que je peux. C'est loin d'être un choix simple tous les jours...
> C'est tout d'abord se **faire l'exécutant médical d'une loi**. Parce qu'après tout, les lois sont faites pour être appliquées, surtout quand elles sont faites pour rendre réellement « service »... C'est aussi une manière d'être logique professionnellement avec moi-même : s'occuper des femmes dans tout leur parcours gynécologique engendre, pour moi,

6. assemblee-nationale.fr/11/cr-delf/00-01/c9900022.asp.

forcément de les accompagner dans cette éventuelle étape de leur vie[7].

On le voit désormais, « la loi remplace la conscience », selon les termes de la philosophe Chantal Delsol[8]. Les médecins ne sont-ils pas ainsi réduits à être de froids exécutants de décisions politiques perdant ainsi leur liberté de défendre l'humain dans toute sa fragilité ?

L'opinion française aujourd'hui est favorable au « droit à l'IVG » à une écrasante majorité (peut-être entre 80 et 90 %...). Cela justifie-t-il l'abdication complète de tout regard critique de la part du milieu médical, que ces actes soient sollicités par la patiente ou bien proposés aux femmes comme allant de soi ? Faut-il renoncer à avoir une pensée autonome ? Affirmer la dignité de la personne humaine et de sa propre personne consiste aussi à « penser ses actes » et à se demander s'ils sont justes, s'ils sont seulement tolérables ou bien au contraire « évitables ». Un médecin ou un psychologue qui refuserait de réaliser cette « analyse éthique » n'en viendrait-il pas à nier le caractère humaniste de sa profession dans sa pratique au quotidien ?

7. martinwinckler.com/spip.php?article1067.
8. valeursactuelles.com/quand-la-loi-remplace-la-conscience-51721.

Conclusion

Notre étude a tenté de donner la parole à des femmes qu'on « n'entend pas ». Non pas à celles qui descendent dans la rue, mais à celles qui ont vécu dans leur corps et leur cœur l'avortement comme une douleur ou un drame. Rares sont les femmes qui s'expriment publiquement dans les médias, comme à la télévision par exemple, pour parler de leur « douleur ». Est-ce parce qu'on ne souhaite pas leur donner la parole? Certes aucune étude statistique ne permet de dire si elles sont majoritaires ou pas… mais on ne peut plus occulter leur témoignage pour ce motif.

Je souhaite que cette étude soit une occasion de libérer enfin cette parole ignorée. Et qu'elle ouvre sereinement la porte à des études médicales sur le syndrome post-IVG, à des études statistiques en France sur les différentes pathologies psychologiques ou psychiatriques associées à l'IVG. Qu'elle fasse prendre conscience au pouvoir politique et législatif que l'IVG banalisée devient un véritable problème de santé publique.

Un des droits fondamentaux de la femme consiste à pouvoir recevoir des paroles de vérité sur ce qu'elle envisage de faire :

- Vérité sur le mal-être qui va peut-être la ronger à des degrés divers pendant de longues années ;
- Vérité sur tous les risques médicaux ;

- Vérité sur la « promesse de vie » qu'elle porte en elle et que personne, même elle, ne peut dénier ;
- Vérité sur une maternité qui est désavouée ;
- Vérité sur l'instrumentalisation de sa personne à travers sa sexualité ;
- Vérité, selon les mots de Simone Veil, sur tous les « obstacles qui s'opposent ou semblent s'opposer à l'accueil d'un enfant » ;
- Vérité sur la nature des pressions qu'elle peut subir de la part de son entourage, de ses parents, de son conjoint, du corps médical, du corps social ;
- Vérité sur la redoutable inégalité qu'il y a « structurellement », dans les faits, entre l'homme et la femme, et que l'IVG banalisée aggrave encore.

Dire à une femme ambivalente au cours d'une échographie « Oh ! Le beau bébé ! » est aujourd'hui considéré par certains comme une agression. Cette attitude a été récemment stigmatisée par des parlementaires à l'occasion du débat sur la loi relative à « l'égalité hommes/femmes » en septembre 2013 au Sénat. Un groupe de sénateurs mené par Madame Rossignol (qui deviendra ministre des Familles en avril 2014 sous le gouvernement Valls) avait déposé un amendement adopté en première lecture. Celui-ci visait à étendre le délit d'entrave à l'IVG à ceux qui feraient « des pressions morales et psychologiques à l'encontre des femmes venues y subir ou *s'informer* sur l'IVG » pour modifier l'article L 2 223-2 du Code de la santé publique. Cette nouvelle rédaction, qui rajoutait les termes « s'informer sur l'IVG », plaçait sous la menace d'une peine correctionnelle de deux ans de prison tous ceux qui délivreraient une information « non conforme » sur l'IVG. Cette information risquait d'être vite qualifiée de pression et donc « d'entrave ».

Ainsi, l'intervention de Madame la sénatrice Rossignol au Sénat le 16 septembre 2013 pour présenter son amendement disait clairement ses motivations :

> J'ai recueilli, hier, le témoignage d'une femme de 40 ans ayant eu recours à l'IVG. Elle a dû attendre trois heures dans une clinique pour voir un gynécologue, qui lui a fait subir une échographie avec son et image en s'écriant « Oh ! Le beau bébé ! » Je vous épargne les détails sordides sur l'IVG médicamenteuse puis le curetage et les remarques désobligeantes d'un autre praticien. Je me suis interrogée. Je ne dispose pas de statistiques, mais suis convaincue qu'un tel cas n'est pas isolé. Nous défendons un amendement relatif au délit d'entrave à l'IVG. Je me suis demandé s'il ne faudrait pas l'étendre aux équipes médicales[1].

En prenant au pied de la lettre le nouveau texte du délit d'entrave, on peut craindre à juste titre qu'émettre des paroles « dissuasives » en direction d'une femme tentée par l'IVG risque de devenir de plus en plus contestable ou juridiquement « risqué » dans les prochaines années. Pourtant, lors du vote de loi Veil en 1975, au moins au niveau des discours et des débats, il était clairement indiqué par Madame Simone Veil elle-même, dans son discours à l'Assemblée nationale du 26 novembre 1974[2], que la loi de libéralisation de l'avortement devait être *dissuasive et préventive*.

1. senat.fr/cra/s20130916/s20130916_1.html.
2. Voir les extraits du discours cités au début de ce livre. (N.D.E.)

On mesure maintenant l'évolution des mentalités au sujet de l'IVG à plus de 40 ans de distance. Au début, « l'incitation à l'avortement » n'était pas admissible et même punissable pénalement. L'article L. 647 du Code de la santé publique précisait, dans son deuxième alinéa, qu'étaient susceptibles de poursuites pénales (avec peine d'emprisonnement de deux mois à deux ans) ceux qui, sauf dans les publications réservées aux médecins et aux pharmaciens, auront « fait de la propagande ou de la publicité directe ou indirecte » pour des établissements pratiquant l'avortement ou pour des « médicaments, produits et méthodes » permettant une interruption volontaire de grossesse. Dans ce même article, était pénalement répréhensible le fait de provoquer – d'inciter – une femme à avorter, et ce, même dans les hypothèses légales.

Alors encore répréhensible pénalement du temps de la loi Veil en 1975, cette incitation est aujourd'hui parfaitement admise et passée dans les mœurs. Elle est courante et impunie, depuis que la loi Aubry du 4 juillet 2001 a supprimé cette frêle barrière de protection de la femme.

On parle beaucoup d'égalité hommes/femmes. Or, quand il est question d'avortement, je suis frappée par la domination qu'exercent les hommes à ce sujet : ce sont eux les premiers demandeurs de l'IVG pour leur compagne. Ils le font avec une agressivité redoutable et les pires menaces. Ils sont ainsi les plus ardents défenseurs du « droit » à l'IVG, sur les réseaux sociaux et même au téléphone. Et bien sûr, ils ne subissent pas les graves conséquences que je n'ai fait qu'esquisser dans cette étude. Quand nous recevons des injures ou des menaces par mail ou au téléphone, elles proviennent à 90 % d'hommes qui nous accusent en fait implicitement de les « déranger ».

Il convient aussi de relever certaines positions plus idéologiques que médicales qui font peser une lourde menace sur la liberté des femmes. Ainsi, lors de son audition le 17 octobre 2000 à l'Assemblée nationale, le Professeur Jacques Milliez dit sans l'ombre d'une hésitation à propos des adolescentes de 16 ans : *« Il est impensable à cet âge de maintenir une grossesse non désirée et impossible*[3] ». « Impensable, impossible »... Les termes ne sont pas anodins et ont une signification très grave. Cela revient-il à dire, en d'autres termes, qu'il ne faudrait pas tolérer que ces jeunes filles « gardent leur bébé » ? Si la grossesse est « impossible », l'IVG serait-elle donc pratiquement « obligatoire » ? Faudrait-il les avorter sous contrainte ? On constate ici une singulière conception du droit de la femme qui serait placée dans l'*obligation* au moins « morale » d'avorter... Il y a enfin une contradiction avec le rapport Nisand cité plus haut au sujet de l'IVG des mineures. Celui-ci relève :

> « Bien que cela n'ait pas été totalement démontré, il tombe cependant sous le sens que les IVG les plus susceptibles de laisser des séquelles psychologiques sont celles des jeunes de moins de 18 ans ».

C'est pourquoi, fortes de cette conviction, des femmes libres se lèvent en France, dans les structures d'IVG.net ou d'autres organismes analogues, pour aider et continuer à aider les jeunes femmes en difficulté, afin de leur donner toutes les informations sur les lendemains de l'IVG. Ces structures d'écoute font en sorte de les appeler à avoir une

3. assemblee-nationale.fr/11/dossiers/IVG.asp.

réflexion libre, quand bien même cela « les inciterait à renoncer à leur projet[4] ».

4. Selon les termes utilisés en 1975 par Simone Veil dans son discours à l'Assemblée nationale.

Annexe I

La recherche scientifique sur les troubles psychologiques qui surviennent après une IVG

Professeur René Ecochard, CHU de Lyon

Il est fréquent de demander à la science de prouver *l'imputabilité de l'IVG* dans les souffrances et les maladies psychologiques, voire les suicides, observés après une IVG. Mais la science ne le peut pas. Nous verrons pourquoi. Dans le fond, est-ce vraiment nécessaire ? De nombreux témoignages parlent d'eux-mêmes : des femmes décrivent de grandes souffrances. Ces souffrances doivent être entendues même si leur lien avec l'IVG est encore mal compris. Leur existence doit être prise en compte par le corps médical, les pouvoirs publics, les médias, la société. Les ignorer nuit à la mission d'information du corps médical.

La science ne peut pas prouver que l'IVG est la cause de ces souffrances ? Peut-être. Mais la science peut nous dire beaucoup sur ce sujet. Elle peut nous dire la fréquence de ces événements, leur sévérité et dans quelles conditions de vie ils sont plus fréquents. Et tout cela est bien utile. La lecture de la littérature scientifique, comme nous essaierons de le montrer, nous informe sur la gravité du phénomène et nous dit chez qui et dans quelles circonstances le risque est plus grand.

À l'origine de cette synthèse de la littérature scientifique

Inquiets devant le grand nombre d'appels à l'aide de femmes, dans les semaines, les mois ou les années qui suivent un avortement, des membres d'organismes d'écoute se sont adressés (par l'intermédiaire d'une structure indépendante) à notre laboratoire de recherche. Ils ont demandé une analyse scientifique systématique de la littérature portant sur les troubles qui surviennent dans les suites d'une IVG. Nous avons réalisé cette analyse et en avons donné les résultats détaillés sur le site postIVG.org. Sur ce site nous n'avons cependant pas donné de synthèse de nos analyses d'articles. Nous présentons ici quelques points clés de cette synthèse.

Un grand nombre de publications analysent les séquelles psychologiques de l'IVG

La librairie de médecine des États-Unis *(U.S. National Library of Medicine),* interrogée le 16 novembre 2016, liste 2 043 publications répondant aux mots-clés « *induced abortion psychological* ». Parmi ces publications, plus de 180 évoquent des séquelles psychologiques de l'IVG.

Nous avons retenu 184 articles en mesure de nous informer sur le lien entre IVG et survenue ultérieure de troubles psychologiques. Nous avons eu la possibilité de lire et d'analyser 78 d'entre eux. Ces 78 articles sont le plus souvent retenus par les spécialistes du domaine, lors des méta-analyses, c'est-à-dire des synthèses de la littérature. Ils sont très riches d'enseignement. Nous donnons ici les idées principales que nous avons retenues.

Les troubles mentionnés sont multiples

Les séquelles psychologiques évoquées dans les articles sont, par ordre décroissant : divers troubles conduisant à une consultation (48 articles scientifiques), dépression (29), anxiété (21), mortalité ou suicide ou idées de suicide ou automutilation (19), abus d'alcool ou usage de drogues (19), faible estime de soi (17), détresse (14), stress (11), culpabilité (11), hospitalisation en milieu psychiatrique (9), troubles relationnels (8), troubles affectifs (7), sentiment de honte (7), sentiment de deuil (7), évitement (7), état de stress post-traumatique (7), sentiment d'intrusion (6), troubles du sommeil (4), dysfonctionnements sexuels (4), hypervigilance (1).

Un moins grand nombre d'articles traite des sentiments positifs qui peuvent survenir après une IVG : un soulagement (6 articles) ou la satisfaction de la femme concernant sa décision d'avoir fait le choix de l'IVG (6 articles).

Deux articles principaux utilisés à titre d'illustration

Deux articles sont utilisés ici pour illustrer le débat contradictoire classique et fréquent quand il s'agit des effets secondaires d'une IVG : l'un affirmant l'absence de lien entre l'IVG et les troubles, l'autre le contraire.

Aux États-Unis, le débat public sur les conséquences de l'IVG sur la santé mentale remonte à 1987, lorsque le président Reagan a demandé un rapport sur le sujet. Les auteurs de ce rapport ont déclaré devant le Sénat que, s'il y avait parfois des troubles, ceux-ci étaient d'importance minime sur le plan de la santé publique. Ils reconnaissaient que certaines femmes présentaient une détresse sévère, voire des maladies psychologiques après IVG. Mais ils disaient ne pas avoir la preuve que l'IVG en était la cause directe.

En 2006, l'Association américaine de psychologie a mis en place un groupe de travail *(American Psychological Association [APA] Task Force on Mental Health and Abortion)* ayant pour mission de procéder à une analyse systématique de la littérature scientifique. À l'issue de ce travail, ce groupe a conclu à *l'absence de preuve* pour dire si l'IVG est elle-même la cause des troubles observés. Notons bien qu'ils n'ont pas affirmé l'absence de troubles, mais l'absence de preuve de l'existence d'un lien de cause à effet entre l'IVG et les troubles psychologiques.

Leur travail a pour mérite de donner une vision claire des facteurs qui peuvent expliquer la grande fréquence des troubles psychologiques après une IVG, même si une partie seulement serait la conséquence directe de l'IVG. De plus, ils identifient les situations dans lesquelles le risque de survenue de troubles est plus grand. C'est le premier des deux articles détaillés.

Le second article, publié par Coleman en 2011, vient comme une réponse, en présentant une synthèse *quantitative* de la littérature. Cet auteur a repris de façon systématique l'ensemble des résultats de 22 études de grande envergure, aboutissant à une masse impressionnante de données : 877 181 femmes, dont 163 831 ont eu une IVG. Les femmes ayant subi un avortement ont une augmentation de 81 % du risque de troubles mentaux. Cet auteur est, contrairement aux auteurs de l'article précédent, convaincu que l'IVG est bien la cause d'une part importante des troubles. Quoi qu'il en soit, ces deux articles nous éclairent sur leur fréquence, leur gravité, et les situations dans lesquels ils surviennent.

Pourquoi est-il vain de demander à la science de prouver l'imputabilité de l'IVG dans l'apparition des troubles psychologiques ?

S'il était prouvé que l'IVG est bien à l'origine des nombreux troubles décrits par les femmes et leurs médecins, le système législatif et judiciaire serait obligé de modifier les lois. De même que la preuve que le tabac est cause de cancer du poumon a conduit à la mention « Le tabac tue » sur les paquets de cigarettes, la preuve d'une relation de cause à effet entre IVG et troubles psychologiques obligerait à une information systématique et rigoureuse. Comme cela a été le cas pour le tabac ou pour le cancer lié à l'amiante, le débat sur le lien entre IVG et troubles psychologiques n'est pas paisible : cela retarde voire interdit toute recherche scientifique et donc toute amélioration de la situation.

En théorie, seul un essai randomisé peut donner la preuve du lien entre une cause et un effet. On ne peut pas randomiser la décision des femmes de poursuivre leur grossesse non désirée. L'article de l'APA montre de façon claire qu'il n'est pratiquement pas possible de mettre en place une étude au niveau de preuve suffisant pour prouver que c'est l'IVG qui provoque les troubles psychologiques.

Cependant, ne pas le prouver ne signifie pas que l'on a prouvé l'inverse : sur l'ensemble des 78 études scientifiques, pratiquement toutes (une ou deux exceptions cependant) trouvent un taux de troubles psychologiques plus important chez les femmes qui interrompent leur grossesse que chez celles qui les poursuivent. Il est donc indispensable d'écrire que l'on n'a pas réussi jusqu'à ce jour à prouver de façon absolue que c'est l'IVG elle-même qui est la cause des troubles. Mais il est aussi indispensable d'écrire que, sauf exception, toutes les études montrent l'existence et la gravité des troubles psychologiques après IVG.

La goutte d'eau qui a fait déborder le vase

Tous les articles, et en particulier les deux articles que nous avons pris comme référence, celui de l'APA et celui de Coleman, montrent comment, dans une situation de grande fragilité, l'IVG provoque une chute vers des événements psychologiques graves, comme une goutte fait déborder le vase. Dans bien des cas, cette image du vase qui déborde n'est pas adaptée : il serait plus juste de parler de rupture d'une digue, les flots emportant avec eux la joie et la paix intérieure, tant cet acte blesse profondément non seulement les femmes qui le subissent, mais aussi, bien qu'à un degré moindre sans doute, les conjoints et les soignants qui l'ont pratiqué.

En effet le contexte de survenue de l'IVG est lui-même très péjoratif : l'article de l'APA résume la situation de la façon suivante :

La perspective des risques conjoints met l'emphase sur l'existence de conditions préexistantes ou contemporaines qui peuvent expliquer la différence de santé mentale ou des attitudes que l'on observe entre les femmes qui demandent une IVG et les autres. La grossesse non désirée et l'IVG sont corrélées avec la présence de conditions (par exemple, la pauvreté), de circonstances de vie (par exemple, l'exposition à la violence), de conduites particulières (par exemple, l'utilisation de drogue), de types de personnalité (par exemple, les stratégies d'évitement face aux émotions négatives), qui peuvent avoir des effets négatifs prolongés sur la santé mentale.

Ainsi, bien qu'il soit difficile de prouver que l'IVG déclenche elle-même les troubles psychologiques, il apparaît évident qu'elle vient aggraver sévèrement la situation.

Les troubles sont fréquents et graves

L'article de Coleman illustre cet aspect. Le grand nombre d'IVG regroupées dans cette étude (163 831) donne une crédibilité à cette description. Citons les auteurs :

Tous les effets étaient statistiquement significatifs, avec le plus grand odds ratio (c'est-à-dire surrisque ; un odds ratio [OR] de 3 est proche d'une multiplication par 3 de la fréquence du problème) pour l'utilisation de marijuana (OR = 3,30), suivi par les attitudes suicidaires (OR = 2,55), la surconsommation d'alcool (OR = 2,10), la dépression (OR = 1,37) et l'anxiété (OR = 1,34).

Cet article conclut en donnant la part des troubles observés chez les femmes liées au contexte post-IVG : 34,9 % des suicides, 8,5 % des dépressions, etc.

La lecture de la littérature impressionne par l'importance et la fréquence des troubles de santé mentale dans la période qui suit l'IVG.

Les troubles sont plus fréquents dans certaines situations

Utilisons l'article de l'APA pour illustrer brièvement cet aspect. L'APA fait la synthèse de 23 articles pour rechercher les situations dans lesquelles l'IVG a un plus grand risque d'être suivi d'une dépression ou d'un autre événement psychologique.

Parmi les facteurs de risque d'événements psychologiques après IVG, le rapport de l'APA signale le manque de support de la part de l'entourage, la conscience de la gravité de l'IVG, une faible estime de soi et des antécédents de difficultés psychologiques. Le risque de troubles psychologiques est augmenté de 50 % si cette IVG n'est pas la première.

La souffrance qui suit l'IVG doit être entendue

La société est en désarroi face à l'avortement. Un silence pénible pèse sur ce drame.

Et pourtant, les femmes mais aussi les hommes et les autres membres de la famille souffrent. Il ne viendrait pas à l'idée de faire silence sur d'autres problèmes de santé aussi graves, qui touchent un aussi grand nombre de familles. En effet ce silence a de graves conséquences : accompagnement inadapté des femmes, et plus généralement des couples, à l'annonce une grossesse ; ambiguïté sur la fonction du corps médical face au diagnostic de grossesse même planifiée ; messages erronés donnés dans l'éducation affective et sexuelle ; brouillage des valeurs qui fondent la société.

L'accompagnement des femmes et plus généralement des couples à l'annonce d'une grossesse non planifiée est inadapté

L'annonce d'une grossesse inattendue est un moment de grande fragilité. La femme, le couple, savent bien que cet enfant leur est confié mais ils sont désemparés. Alors même que chacun est attendri par l'enfance, cet enfant semble mettre en péril les équilibres de la famille, du couple, de la femme. La grossesse n'est pas un événement auquel la femme, le couple, peut faire face seul. L'entourage, la société, sont là pour entourer d'attention les futurs parents.

Le corps médical doit se mettre au service, avec doigté, du couple mais aussi du petit patient qu'est l'enfant qui vient d'être conçu. Plus encore, la mission du corps médical est de protéger le plus fragile, l'enfant, sans bien entendu oublier la mère et le père, qui eux aussi peuvent être placés dans une situation délicate.

Le silence est incompatible avec la mise en place de mesures propres à améliorer la prise en charge. Dans les autres domaines la médecine progresse, aboutissant à une meilleure prise en charge, avec plus d'efficacité, moins de souffrance, etc. Si la société soulève la chape de silence qui recouvre sur l'IVG, le corps médical pourra progresser encore plus dans la qualité de l'accompagnement des premiers instants de la vie de l'enfant et les premiers instants de maternité et de paternité des parents.

L'ambiguïté sur la fonction du corps médical

L'existence dans les hôpitaux de lieux où l'on interrompt la vie des enfants dans le ventre de leur mère perturbe le climat hospitalier. En effet, en tout autre lieu de l'hôpital, l'administration et les soignants font tout pour soigner, protéger, apaiser. Dans la formation médicale, les actes liés à l'IVG viennent blesser la formation qui, en dehors de l'IVG, est orientée tout entière par les principes éthiques de respect, de bienfaisance et de justice.

Les étudiants que nous rencontrons dans les amphithéâtres sont souvent blessés par cette rupture logique entre l'invitation à l'éthique de bienfaisance et la pratique de l'IVG. Il est bien difficile de proposer une solution simple à un problème aussi complexe. Cependant la progression ne peut avoir lieu qu'à la lumière de la réalité et de la possibilité de dialoguer sur ces situations complexes.

En conclusion

Les témoignages des femmes faisant part de conséquences post-IVG négatives sont tout à fait en cohérence avec le contenu de la littérature médicale. Face à cette difficulté des grossesses non désirées, les services sociaux et le corps médical ont besoin de liberté et de vérité pour chercher les solutions les plus adaptées, pour venir au secours des situations de détresses. En dernier recours, si la femme a fait pratiquer une IVG, il est nécessaire qu'elle puisse être accompagnée de façon adéquate, comme c'est le cas pour les autres problèmes de santé, pour être aidée à faire face à ce qui est souvent un drame dans sa vie.

Références bibliographiques

Nous listons ici les 78 articles qui ont été lus pour préparer cette synthèse.

Allanson S., "The abortion decision: reasons and ambivalence", *J. Psychosom. Obstet. Gynecol.*, 1995, 16: 123-136.

Allanson S., "The abortion decision: fantasy processes", *J. Psychosom. Obstet. Gynecol.*, 1996, 17: 158-167.

Bailey P.E., Bruno Z.V., Bezerra M.F., Queiróz I., Oliveira C.M., Chen-Mok M., "Adolescent pregnancy: one year later: the effect of abortion versus motherhood in Northeast Brazil", *J. Adolesc. Health*, 2001 Sep, 29 (3): 223-32.

Barnett W., Freudenberg N., Wille R., "Partnership after induced abortion: a prospective controlled study", *Arch. Sex. Behav.*, 1992 Oct, 21 (5): 443-55.

Bellieni C.V., Buonocore G., "Abortion and subsequent mental health: Review of the literature Psychiatry and Clinical Neurosciences", 2013 Jul, 67 (5): 301-10.

Berkeley D., Humphreys P.C., Davidson D., "Demands made on general practice by women before and after an abortion", *Journal of the Royal College of General Practitioners*, 1984, 34: 310-315.

Bianchi-Demicheli F., Perrin E., Lüdicke F., Campana A., "Contraception and sexuality after termination of pregnancy: a comparison between Lugano and Geneva", *Swiss Med. Wkly*, 2001, 131: 515-520.

Bradshaw Z., Slade P., "The effects of induced abortion on emotional experiences and relationships: a critical review of the literature", *Clinical Psychology Review*, 2003, 23: 929-958.

Bradshaw Z., Slade P., "The relationship between induced abortion, attitudes toward sexuality and sexual problems", *Sexual and Relationship Therapy*, 2005, 20, 390- 406.

Broen A.N., Moum T., Bödtker A.S., Ekeberg O., "The course of mental health after miscarriage and induced abortion: a longitudinal, five-year follow-up study", *BMC Medicine*, 2005, 3:18.

Broen A.N., Moum T., Bödtker A.S., Ekeberg O., "Predictor's of anxiety and depression following pregnancy termination: a longitudinal five-year follow-up study", *Acta Obstet. Gynecol. Scand.*, 2006, 85 (3): 317-23.

Broen A.N., Moum T., Bödtker A.S., Ekeberg O., "Psychological impact on women of miscarriage versus induced abortion: a two-year follow-up study", *Psychosom Med.*, 2004 Mar-Apr, 66 (2): 265-71.

Broen A.N., Moum T., Bödtker A.S., Ekeberg O., "Reasons for induced abortion and their relation to women's emotional distress: a prospective, two-year follow-up study", *General Hospital Psychiatry*, 27 (2005) 36-43.

Carroll P., "Ireland's gain: The demographic impact and consequences for the health of women of the abortion laws in Ireland and Northern Ireland since 1968", Pension and Population Research Institute (PAPRI), ISBN 0-9514532-3-8, December 2011.

Casey P.R., "Abortion among young women and subsequent life outcomes", *Best Practice & Research Clinical Obstetrics and Gynaecology*, 2010 Aug, 24 (4): 491-502.

Charles V.E., Polis C.B., Sridhara S.K., Blum R.W. "Abortion and long-term mental health outcomes: a systematic review of the evidence", *Contraception*, 2008 ; 78: 436-450.

Cohan C.L., Dunkel-schetter C., Lydon J., "Pregnancy decision making: predictors of early stress and adjustment", *Psychol. Women Q.*, 1993 Jun, 17 (2): 223-39.

Coleman P.K., "Abortion and mental health: quantitative synthesis and analysis of research published 1995-2009", *The British Journal of Psychiatry*, 2011, 199: 180-186.

Coleman P.K., Coyle C.T., Rue V.M., "Late-term elective abortion and susceptibility to posttraumatic stress symptoms", *Journal of Pregnancy*, volume 2010, article ID 130519.

Coleman P.K., Maxey C.D., Rue V.M., Coyle C.T., "Associations between voluntary and involuntary forms of perinatal loss and child maltreatment among low-income mothers", *Acta Paediatr.*, 2005 Oct, 94 (10): 1476-83.

Coleman P.K., Reardon D.C., Cougle J.R., Substance use among pregnant women in the context of previous reproductive loss and desire for current pregnancy. Br J Health Psychol. 2005 May, 10 (Pt 2): 255-68.

Coleman P.K., Reardon D.C., Rue V.M., Cougle J., "State funded abortion versus deliveries. A comparison of outpatient mental health claims over 4 years", *Am. Journal of Orthopsychiatry*, 2002, 72 (1): 141-152.

Coleman P.K., Reardon D.C., Rue V.M., Cougle J., "A history of induced abortion in relation to substance use during subsequent pregnancies carried to term", *Am. J. Obstet. Gynecol.*, 2002 Dec, 187 (6): 1673-8.

Coleman P.K., "Resolution of unwanted pregnancy during adolescence through abortion versus childbirth: individual and family predictors and psychological consequences", *Journal of Youth and Adolescence*, December 2006, volume 35 (issue 6): 903-911.

Coleman P. K, Reardon D. C, Strahan T., Cougle J. R., "The psychology of abortion: a review and suggestions for future research", *Psychology and Health,* 2005, 20: 237-271.

Conklin M.P., O'Connor B.P., "Beliefs about the fetus as a moderator of postabortion psychological well-being", *Journal of Social & Clinical Psychology,* 1995, 14: 76-95.

Cougle J.R., Reardon D.C., Coleman P.K., "Depression associated with abortion and childbirth: a long-term analysis of the NLSY cohort", *Med Sci Monit,* 2003, 9 (4): CR157-164.

Cougle J.R., Reardon D.C., Coleman P.K., "Generalized anxiety following unintended pregnancies resolved through childbirth and abortion: a cohort study of the 1995 National Survey of Family Growth", *J. Anxiety Disord.*, 2005, 19 (1): 137-42.

Dingle K., Alati R., Clavarino A., Najman J.M., Williams G.M., "Pregnancy loss and psychiatric disorders in young women: an Australian birth cohort study", *Br. J. Psychiatry,* 2008, 193: 455-60.

Dupont S., « La dimension psychologique dans la prise en charge des interruptions volontaires de grossesse », *J. Gynecol. Obstet.,* Biol Reprod., 2004, 33, 125-130.

Felton G.M., Parsons M.A., Hassell J.S., "Health behavior and related factors in adolescents with a history of abortion and never-pregnant adolescents", *Health Care Women Int.*, 1998 Jan-Feb, 19 (1): 37-47.

Fergusson D.M., Boden J.M., Horwood L.J., "Abortion among young women and subsequent life outcomes". *Perspect Sex Reprod Health*, 2007 Mar, 39 (1): 6-12.

Fergusson D.M., Horwood L.J., Boden J.M., “Abortion and mental health disorders: evidence from a 30-year longitudinal study”, *BJP*, 2008, 193: 444-451.

Fergusson D.M., Horwood L.J., Boden J.M., “Reactions to abortion and subsequent mental health”, *BJ-Psych,* 2009, 195: 420-426.

Fergusson D.M., Horwood L.J., Ridder E.M., “Abortion in young women and subsequent mental health”, *J. Child Psychol Psychiatry*, 2006 Jan, 47 (1): 16-24.

Gilchrist A.C., Hannaford P.C., Frank P., Kay C.R., “Termination of pregnancy and psychiatric morbidity”, *Br. J. Psychiatry.*, 1995 Aug, 167 (2): 243-8.

Gissler M., Berg C., Bouvier-Colle M.H., Buekens P., “Injury deaths, suicides and homicides associated with pregnancy”, *Eur. J. Public Health,* 2005 Oct, 15 (5): 459-63.

Gissler M., Berg C., Bouvier-Colle M.H., Buekens P., “Pregnancy-associated mortality after birth, spontaneous abortion, or induced abortion in Finland, 1987-2000”, *Am. J. Obstet Gynecol.*, 2004 Feb, 190 (2): 422-7.

Gissler M., Berg C., Bouvier-Colle M.H., Buekens P., “Methods for identifying pregnancy-associated deaths: population-based data from Finland 1987-2000”, *Paediatr. Perinat. Epidemiol.*, 2004 Nov, 18 (6): 448-55.

Gissler M., Hemminki E., Lönnqvist J., “Suicides after pregnancy in Finland, 1987-94: register linkage study”, *BMJ*, 1996, 313: 1431-4.

Gissler M., Hemminki E., “Pregnancy-related violent deaths”, *Scand. J. Public Health.*, 1999 Mar, 27 (1): 54-5.

Gissler M., Kauppila R., Meriläinen J., Toukomaa H., Hemminki E., “Pregnancy-associated deaths in Finland

1987-1994: definition problems and benefits of record linkage", *Acta Obstet. Gynecol. Scand.*, 1997 Aug, 76 (7): 651-7.

Gurpegui M., "Psychiatric complications of abortion", *Cuad. Bioet.*, 2009 Sep-Dec, 20 (70): 381-92.

Hamama L., "Previous experience of spontaneous or elective abortion and risk for posttraumatic stress and depression during subsequent pregnancy", *Depression and anxiety,* 2010 Aug, 27 (8): 699-707.

Harlow B.L., Cohen L.S., Otto M.W., Spiegelman D., Cramer D.W., "Early life menstrual characteristics and pregnancy experiences among women with and without major depression: the Harvard study of moods and cycles", *J. Affect Disord.*, 2004 Apr, 79 (1-3): 167-76.

Hope T.L., Wilder E.I., Watt T.T., "The relationships among adolescent pregnancy, pregnancy resolution, and juvenile delinquency", *The Sociological Quarterly*, 2003, 44: 555-576.

Houston H., Jacobson L., "Overdose and termination of pregnancy: an important association?", *Br. J. Gen. Pract.*, 1996 Dec, 46 (413): 737-8.

Kero A., Högberg U., Lalos A., "Wellbeing and mental growth-long-term effects of legal abortion", *Social Science & Medicine*, 2004 June, volume 58 (issue 12): 2559-2569.

Lauzon P., Roger-Achim D., Achim A., Boyer R., "Emotional distress among couples involved in first-trimester induced abortion", *Can. Fam. Physician*, 2000, 46: 2033-2040.

Lydon J., Dunkel-Schetter C., Cohan C.L., Pierce T., "Pregnancy decision making as a significant life event: a commitment approach", *J. Pers. Soc. Psychol.*, 1996 Jul, 71 (1): 141-51.

Major B., Appelbaum M., Beckman L., Dutton M.A., Russo N.F., West C., "Abortion and mental health: evaluating the evidence", *Am. Psychol.*, 2009, 64 (9): 863-90.

Major B., Appelbaum M., Beckman L., Dutton M.A., Russo N.F., West C., "Report of the APA task force on mental health and abortion", American Psychological Association, Task Force on Mental Health and Abortion, Report of the Task Force on Mental Health and Abortion, 2008, Washington, D.C.

Major B., Cozzarelli C., Cooper M.L., Zubek J., Richards C., Wilhite M., Gramzow R.H., "Psychological responses of women after first-trimester abortion, *Arch. Gen. Psychiatry*, 2000 Aug, 57 (8): 777-84.

Medora N.P., Goldstein A., von der Hellen C., "Variables related to romanticism and self-esteem in pregnant teenagers", *Adolescence,* 1993 Spring, 28 (109): 159-70.

Medora N.P., von der Hellen C., "Romanticism and self-esteem among teen mothers", *Adolescence,* 1997 Winter, 32 (128): 811-24.

Mota N.P., Burnett M., Sareen J., "Associations between abortion, mental disorders, and suicidal behavior in a nationally representative sample", *Can. J. Psychiatry*, 2010, 55 (4): 239-47.

Munk-Olsen T., Laursen T.M., Pedersen C.B., Lidegaard O., Mortensen P.B., "Induced first-trimester abortion and risk of mental disorder", *N. Engl. J. Med.*, 2011, 364 (4): 332-9.

Munk-Olsen T., Laursen T.M., Pedersen C.B., Lidegaard O., Mortensen P.B., "First-time first-trimester induced abortion and risk of readmission to a psychiatric hospital in women with a history of treated mental disorder", *Arch. Gen. Psychiatry*, 2012, 69 (2): 159-165.

Ney P.G., Fung T., Wickett A.R., Beaman-Dodd C., "The effects of pregnancy loss on women's health", *Social Science & Medicine*, 1994 May, 38 (9): 1193-200.

Pedersen W., "Abortion and depression: a population-based longitudinal study of young women", *Scand. J. Public Health*, 2008 June, volume 36 (4): 424-428.

Pedersen W., "Childbirth, abortion and subsequent substance use in young women: a population-based longitudinal study", *Addiction,* 2007 Dec, 102 (12): 1971-1978.

Pedersen W., "Conduct disorder symptoms and subsequent pregnancy, child-birth and abortion: a population-based longitudinal study of adolescents", *Journal of Adolescence*, 2011, 34: 1025-1033.

Pope L.M., Adler N.E., Tschann J.M., "Postabortion psychological adjustment: are minors at increased risk?", *Journal of Adolescent Health,* 2001, 29: 2-11.

Reardon D.C., Coleman PK, Cougle J.R., "Substance use associated with unintended pregnancy outcomes in the National Longitudinal Survey of Youth, *Am. J. Drug Alcohol Abuse*. 2004 May, 30 (2): 369-83.

Reardon D.C., Coleman PK., "Relative treatment rates for sleep disorders and sleep disturbances following abortion and childbirth: a prospective record-based study", *Sleep*, 2006 Jan, 29 (1): 105-6.

Reardon D.C., Cougle J.R., Rue V.M., Shuping M.W., Coleman P.K., Ney P.G. "Psychiatric admissions of low-income women following abortion and childbirth", *CMAJ*, 2003 May 13, 168 (10): 1253-6.

Reardon D.C., Cougle J.R., "Depression and unintended pregnancy in the National Longitudinal Survey of Youth: a cohort study", *BMJ*, 2002, 324: 151-2.

Reardon D.C., Ney P.G., Scheuren F., Cougle J.R., Coleman P.K., Strahan T.W., "Deaths associated with pregnancy outcome: a record linkage study of low income women", *Southern Medical Journal*, 2002, 95 (8): 834-841.

Reardon D.C., Ney P.G., "Abortion and subsequent substance abuse", *Am. J. Drug Alcohol Abuse*, 2000 Feb, 26 (1): 61-75.

Rees D.I., Sabia J.J., "The relationship between abortion and depression: new evidence from the fragile families and child wellbeing study", *Med. Sci. Monit.*, 2007, 13 (10): CR430-436.

Russo N.F., Dabul A.J., "The relationship of abortion to well-being: do race and religion make a difference?", *Professional Psychology: Research and Practice*, 1997 Feb, 28 (1): 23-31.

Russo N.F., Zierk K., "Abortion, childbearing and women well-being", *Professional Psychology: Research and Practice*, 1992, 23: 269-280.

Russo, N.F., Denious J.E., "Violence in the lives of women having abortions: implications for practice and public policy", *Professional Psychology: Research and Practice*, 2001 Apr, 32 (2), 142-150.

Schmiege S., Russo N.F., "Depression and unwanted first pregnancy: longitudinal cohort study", *BMJ*, 2005 Dec 3, 331 (7528): 1303.

Steinberg J.R., Russo N.F., "Abortion and anxiety: what's the relationship?", *Social Science & Medicine*, 2008 Jul, 67 (2): 238-252

Taft A.J., Watson L.F., "Depression and termination of pregnancy (induced abortion) in a national cohort of young Australian women: the confounding effect of women's experience of violence", *BMC Public Health*, 2008, 8: 75.

Warren J.T., Harvey S.M., Henderson J.T., "Do depression and low self-esteem follow abortion among adolescents? Evidence from a national study", *Perspect Sex Reprod Health*, 2010 Dec, 42 (4): 230-5.

Annexe II

L'IVG et ses conséquences sur la fratrie

Françoise Lefèvre, consultante psychologue

Au fils de mes consultations, j'ai pu approfondir le syndrome post-IVG et particulièrement sur les conséquences sur la fratrie. En effet, si on parle plus souvent de ce syndrome chez la femme ayant subi un avortement, on parle moins de ce syndrome dans la fratrie – que les enfants soient nés avant ou après l'interruption de la grossesse –, ce que l'on appelle le syndrome du survivant.

Mais qu'est-ce qu'un « survivant »? : « C'est une personne qui n'est pas morte alors qu'elle avait plus de risques de mourir que de survivre ». Or, si tout le monde admet aujourd'hui la notion de survivant de guerre, d'attentat, d'accident ou de catastrophe naturelle, la notion de « survivant de l'avortement » est niée et les « intéressés » doivent se taire… Ainsi par exemple il n'y a pas de cellules psychologiques comme on peut le voir dans les autres circonstances.

Dans le monde actuel, on ne parle pas de cette souffrance que l'on met sur le compte d'une certaine morale religieuse. Pourtant, l'association canadienne U2RDP (affiliée à l'*International Hope Alive Counselors Association*, IHACA) insiste sur la différence avec les autres « survivants » : « Le survivant d'avortement a ceci de particulier que le danger vient non de l'extérieur mais de ceux qui devraient le protéger le plus », il a donc un poids supplémentaire à surmonter et il paraît évident que des conflits supplémentaires surviendront par la suite. D'ailleurs, Jacques van Rillaer, professeur émérite de psychologie à l'université de Louvain, dit bien que « des souffrances qui résultent d'une action humaine volontaire sont, en général, davantage traumatisantes que celles qui résultent d'une catastrophe naturelle ».

Dans les différents exemples et témoignages que l'on peut trouver dans des ouvrages, des études ou tout simplement sur des blogs, français ou étrangers, on peut constater qu'il y a de véritables « séquelles » sur la fratrie. Je citerais quelques références intéressantes :

1. Françoise Dolto, pédiatre et psychanalyste, évoque dans son livre *Sexualité féminine : libido, érotisme, frigidité*[1] une situation qu'elle a vécue dans son cabinet : Georges, 7 ans, s'oppose à tout, fait des cauchemars et dessine des symboles évoquant la mère et la mort. La mère n'avait jamais dit à personne qu'elle avait avorté, et l'enfant l'a deviné. Georges le dit à Françoise Dolto en consultation : « Non, elle l'a tué. Il voulait vivre. Elle l'a tué ». Cela peut paraître choquant, et pourtant cette intuition de l'enfant d'un événement passé dans le ventre de sa mère, où il a séjourné luimême neuf mois, peut s'expliquer sur un plan biologique et psychique.

1. Scarabée & Co/A.M. Métailié Éditeur, 1982.

2. Le Docteur Benoît Bayle dans son article « Conception humaine et troubles de la personnalité » (consultable sur www.carnetpsy.com) témoigne du cas de Monsieur V., âgé d'une cinquantaine d'années, venu consulter pour un syndrome dépressif réactionnel au décès de son frère. Cet homme parle dès le premier entretien de la série d'avortements provoqués avant sa naissance. « Ma mère a réussi à faire passer les autres, mais pas moi », rapporte-t-il. Et ce patient d'exprimer dans de multiples registres son sentiment permanent d'être condamné à survivre. Il ne supporte pas de survivre à ses deux frères, tous les deux disparus. Il raconte également qu'il a la peau dure, puisqu'il a fait huit états de mal asthmatique ayant nécessité des séjours prolongés en réanimation. Il explique aussi qu'il s'est toujours considéré comme « quelqu'un d'à part », d'exceptionnel, au-dessus des autres. Il entreprend des calculs à partir des âges de ses frères, selon lesquels il vivra très vieux, « jusqu'à quatre-vingt-seize ans », malgré sa maladie, comme s'il était capable d'être immortel. Sa demande insistante de psychothérapie attire l'attention : il voudrait trouver un sens à sa vie, afin de vivre plutôt que de « survivre ».

3. Thomas Verny, psychanalyste, dans son livre *La vie secrète de l'enfant avant sa naissance*[2], cite une affaire traitée par un obstétricien en Scandinavie. Après avoir accouché d'un enfant normal à terme, il a remarqué que le bébé ne s'était pas nourri au sein de la mère. Intrigué par ce comportement inhabituel, il a porté le bébé à une autre mère allaitante qui a accepté de mettre l'enfant au sein. Étonnamment,

2. Grasset, 1991.

l'enfant a répondu par l'allaitement vigoureusement. De retour auprès de la mère de l'enfant, il lui a demandé si quelque chose de traumatique s'était produit pendant la grossesse. Elle lui a dit qu'elle n'avait pas voulu continuer la grossesse et avait, en fait, prévu d'avoir un avortement. Cependant, son mari s'y est opposé et l'a convaincue de poursuivre sa grossesse. Thomas Verny a conclu que l'enfant a connu un rejet maternel *in utero*, d'où son comportement par rapport à l'allaitement.

4. Témoignage d'une jeune fille trouvé sur un blog:

Je ne sais pas si certains sont dans le même cas que moi, si oui j'ai besoin de me confier à vous. Comme chaque enfant qui est l'aîné d'une famille, je pensais être le premier enfant de mes parents… J'ai appris hier après-midi que ma mère s'était fait avorter quand elle avait 21 ans. Cela a été un choc pour moi […] d'imaginer que j'aurais pu avoir un(e) grand(e) demi-frère ou sœur. Depuis je n'arrête pas d'y penser […].

5. Témoignage d'un psychologue racontant le cas d'Étienne:

Sa mère est tombée enceinte tout de suite après sa naissance. La situation étant compliquée, les parents ont décidé de ne pas garder l'enfant. Sauf qu'à cette époque avorter était très difficile, il fallait partir à l'étranger. Alors le temps que l'argent soit réuni, cet enfant dans le ventre avait déjà quelques mois. C'était un garçon. Étienne, 6 mois, a été laissé en garde à sa tante, et lorsque les parents sont revenus un mois plus tard, la mère d'Étienne était dépressive. Elle le restera toute sa vie. Étienne grandit avec un fort sentiment d'abandon, dont il ne sait d'où il vient. Sa mère le couve, le surprotège. Parfois, elle le prend dans ses bras et pleure. Étienne ne comprend pas. Il a l'impression de ne pas exister, d'être nié sans savoir d'où ça vient. Devenu adulte, il est perdu. En psychothérapie, ses descriptions me font penser qu'il y a eu un enfant décédé. Il en parle à sa mère, qui s'effondre et lui « avoue » l'enfant dont elle a avorté et qu'elle regrette. Lorsqu'elle regardait Étienne, elle imaginait ce fils qu'elle n'avait pas eu. Elle ne voyait pas Étienne, elle voyait l'autre. Étienne n'existait pas.

6. Le Docteur Labarthe, pédiatre, a commencé à s'interroger sur la question lorsqu'au cours d'une consultation une mère l'avait remercié de l'avoir « déculpabilisée » de l'avortement qu'elle avait fait quelques jours auparavant, et dont il n'était pas au courant. Une chose qui lui semble pouvoir évoquer un avortement chez la mère est l'angoisse de l'enfant dans le cabinet médical, se traduisant par colère, crise de nerfs… et la difficulté extrême pour une maman de changer les couches de son petit quand celui-ci se débat dès qu'il est en position allongée.

À la suite de cela, en présence d'enfants présentant des troubles du comportement, il va poser des questions à la maman sur les circonstances de la grossesse. Il a ainsi recueilli des données sur une période de dix ans[3]. Il a ainsi remarqué que plus la mère avait fait d'avortements, plus il y avait de risques d'anorexie chez les autres enfants (4,9 % contre 18,2 %).

Son travail a montré, grâce à ses données statistiques, que le nombre d'avortement chez une même femme influence

3. Étude non publiée disponible chez l'auteur: labarthejeanchristophe@gmail.com.

le comportement et par voie de conséquence la santé des enfants « survivants ». Il a également fait l'expérience de demander aux enfants de dessiner leur famille, pendant qu'il parle avec la maman. En effet, si les enfants ne peuvent pas verbaliser leurs souffrances, il n'en est pas de même dans leurs dessins. Ils s'expriment d'une autre façon. Les dessins révèlent donc des choses insoupçonnées et insoupçonnables. Le Docteur Labarthe a remarqué que les enfants représentaient l'enfant non né par un rond barré ou par un personnage non fini. Enfin il arrive que, quand l'enfant est au courant de l'avortement, il le transforme par un cœur ou un soleil[4].

7. Ceux qui se sont intéressés le plus aux conséquences de l'avortement provoqué sur la fratrie ne sont pas ceux qui en sont à l'origine (les gynécologues ou les praticiens) mais bien les professionnels de santé en contact avec les enfants (pédiatres, puéricultrices, psychologues...). Ils se sont rendu compte qu'ils étaient confrontés à des difficultés pour lesquelles ils ne trouvaient pas d'explications. Le Professeur Philip Ney, psychiatre et psychologue canadien, a été l'un des premiers à étudier les causes de la maltraitance de l'enfant et a publié de nombreuses études. Ce syndrome est également bien connu des Professeurs Jacques Couvreur (hôpital Trousseau), du Docteur Monique Rollet (maternité Sainte-Félicité), du Docteur Marie Peeters (hôpital Necker-Enfants malades). Le Docteur Labarthe, pédiatre, cité plus haut, a analysé au cours de multiples consultations les différentes manifestations chez les enfants. Le Docteur

4. Deux dessins sont visibles sur le site ivg.net à l'adresse : https://www.ivg.net/les-risques-de-ivg/lavortement-aujourdhui.

Philippe de Cathelineau, après avoir rencontré de nombreuses femmes en souffrance, a également dépeint les symptômes dans son livre *Les lendemains douloureux de l'avortement*[5]. Le Docteur René Bayle, psychiatre, affirme par plusieurs de ses observations cliniques que l'état de survivant va de pair avec le sentiment d'être « à part ».

Toutes les souffrances vécues par les enfants nés après une IVG peuvent également trouver une explication dans le ressenti pendant la grossesse. De nombreux médecins en ont fait le constat. Selon l'analyse faite par le Docteur Ludwig Janus, médecin psychanalyste, psychothérapeute et expert en psychologie périnatale, le fœtus est en mesure de détecter les manifestations de son environnement maternel et de vivre des émotions profondes. Si cet environnement est angoissant, les synapses (zone située entre deux neurones – cellules nerveuses – et assurant la transmission des informations de l'une à l'autre) transmettent plutôt la peur, le stress ou l'agitation. De plus, il est observé dans des études cliniques que l'expérience de la vie intra-utérine est déterminante et ressurgit à l'enfance ou en tant qu'adulte. Le vécu de la maman contribue à former les perceptions que se fera l'enfant de lui-même et de son environnement extérieur. Le Docteur Claude Imbert affirme, dans son livre *L'avenir se joue avant la naissance*[6], qu'un grand nombre de problèmes psychologiques et somatiques peuvent trouver leurs origines dans la vie prénatale. Dans le même sens, pour Brigitte Levesque, thérapeute, si un enfant ou un adulte ne parvient pas à trouver les causes d'émotions envahissantes, il est sans doute en présence de signes très évocateurs d'une

5. CLD, 2003.
6. Édition VH, 1999, claude-imbert.com.

mémoire intra-utérine. Parmi ces signes, elle nomme, entre autres, la grossesse suivant un avortement.

De nombreuses observations cliniques nous montrent de façon très claire que l'enfant né après l'avortement d'un aîné a souvent perçu très précocement, sans doute *in utero*, comme on vient de le voir, le drame qui a endeuillé sa mère et la violence des tourments qui l'agitent, et notamment le fait qu'elle a un comportement ambivalent à son sujet.

Dans les familles, même si l'avortement est un non-dit, c'est un pseudo-secret entretenu au fil des générations. L'enfant qui y a échappé sait, dans son subconscient, qu'il n'a été gardé en vie que pour des raisons fortuites et seulement parce que ses parents en ont décidé ainsi.

Pour le Professeur Philip Ney, statistiquement parlant, les femmes qui ont eu des avortements sont moins susceptibles de se lier à leurs enfants, et ces enfants sont donc plus susceptibles d'être délaissés. Cela ne veut pas dire que chaque mère qui a un avortement est une mauvaise mère. La question peut cependant se poser de savoir s'il y a un lien ou pas avec l'augmentation du nombre de maltraitance d'enfants ou de négligence vis-à-vis d'eux.

Après avoir analysé de nombreux faits ainsi que les études et les observations faites par les professionnels évoqués, il semble que l'on puisse dire qu'il y a des conséquences sur le développement psychique d'un enfant « survivant » (cf. l'excellente synthèse de Lætitia Pouliquen dans *Les Cahiers de l'Institut européen de bioéthique,* mars 2011, ieb-eib.org). Les symptômes développés par les survivants sont à la fois d'ordre existentiel et liés à l'ambiguïté des sentiments envers les parents, qui sont à la fois ceux qui peuvent aimer et ceux qui peuvent « tuer ». Il est bien évident que chacun ne va pas développer tous les troubles et peut n'en manifester qu'une partie. Nous pouvons en évoquer quelques-uns :

- *La culpabilité existentielle* : elle consiste à se sentir coupable d'exister alors qu'un autre membre de la fratrie a été avorté, à se sentir responsable de la mort de ce frère ou cette sœur. La culpabilité a pour corollaire inconscient : « Je suis en vie, donc je suis responsable de la mort des autres », ce qui peut entraîner comme manifestation clinique la dépression, avec notamment un sentiment difficile de survivre. Cela peut faire remettre en cause sa propre existence et son importance : « Et si moi aussi j'étais arrivé à un moment inopportun, aurais-je eu le même sort, quelle valeur ai-je donc finalement ? À quoi ma vie tient-elle ? » Cela peut donner l'impression d'être un rescapé ainsi qu'un sentiment de culpabilité par rapport au frère ou à la sœur qui n'a pas eu la chance de vivre et d'être aimé.
- *L'angoisse existentielle* : elle concerne l'incapacité de pouvoir se projeter dans l'avenir par crainte qu'à tout moment la vie ne soit reprise, « je veux vivre mais j'ai peur que quelque chose m'arrive ». C'est une angoisse et un sentiment qu'un malheur imminent pourrait le détruire.
- *Les problèmes entre les générations* : la confiance des enfants envers les parents diminuant, l'avortement pourrait avoir pour effet d'engendrer une hostilité croissante, potentiellement violente entre les générations. Savoir que sa mère a avorté peut modifier l'image maternelle que l'on a d'elle, protectrice de ses enfants envers et contre tout. Cela lui donne une image de toute puissance sur le sort de ses enfants alors que le

but de la vie et de l'éducation est, pour les enfants, de s'affranchir doucement et naturellement de leur mère.

- *La méfiance*: celle-ci porte en premier lieu envers les parents dont l'amour semble ambivalent: « Je ne peux pas faire confiance à mes parents... Comment croire à leur amour alors qu'ils ont tué mon frère/ma sœur... ? » Et les enfants ont des doutes eux-mêmes quant à leurs capacités à assumer leur vie, à s'engager vis-à-vis d'un partenaire et à fonder un foyer. Tout cela s'accompagne d'une perte personnelle du sens moral, du respect d'autrui et du respect de soi-même. Le rejet de toute autorité peut accompagner cette situation car les autres autorités ne leur semblent pas fiables.
- *Des troubles du comportement*: il peut s'agir de problèmes de concentration, d'attention ou encore de troubles du sommeil, de l'alimentation (problèmes d'anorexie).
- *L'expression paradoxale des mouvements de culpabilité et de toute-puissance*: celle-ci se manifeste par le besoin inconscient d'éprouver la survie, par exemple par une prise de risque. Le corollaire inconscient de cette toute-puissance serait: « Je suis indestructible, puisque j'ai survécu aux autres ».
- *La rage du survivant*: la conscience de ne pas être la personne qu'il aurait dû devenir peut alterner avec une passivité face à la violence d'autrui. « Personne ne s'est soucié de ma fratrie, il n'y a pas de raison que je me soucie d'autrui. »

Deux catégories de réaction des parents sont possibles, semble-t-il, et vont gêner le développement de certains enfants présents et à venir : l'enfant fantôme et l'enfant de remplacement. L'enfant fantôme sera le récepteur dans son psychisme de la place que la mère accorde à l'enfant qui n'a pas vécu. L'enfant de remplacement, lui, a été souvent conçu pour tenter d'effacer la mauvaise conscience d'un avortement ; il doit aider lui-même à faire le deuil de l'enfant perdu par ses parents. Il va être alors investi de tous les espoirs déçus et des blessures liées à la non-naissance du fœtus avorté, car « quand l'embryon ou le fœtus disparaît, il persiste cependant chez la mère le souvenir de la relation qu'elle a établie avec lui, la relation entre elle et son enfant imaginé. […] Or, pour l'enfant, le fait de porter un secret influencera sa façon d'être[7] ». Et chez ces enfants, on pourra parfois observer un dédoublement de la personnalité : ils sont contraints de vivre la vie de celui qui a été avorté.

On peut dire que l'avortement peut conduire à la rupture de liens d'amour entre la mère et ses enfants vivants. Le survivant d'avortement ne peut donc pas jouir pleinement de sa vie et ne peut pas faire fructifier tous ses talents car il ne se sent pas digne d'être en vie, du fait de son sentiment de culpabilité dans la mort d'un membre de sa fratrie. Il erre donc à travers la vie en essayant de noyer et de fuir sa culpabilité, son angoisse et son désarroi autant qu'il peut. Une prise de conscience de l'origine de ce mal-être et une prise en charge adéquate de ces émotions tumultueuses peuvent faire passer « le survivant » de la survie à la vie.

En France, les études allant dans ce sens ne sont pas prises en compte. Le Docteur Labarthe a tenté de faire connaître la sienne en 2014 mais le ministère de la Santé

7. Ney P.G., "Relationship between abortion and child abuse", *Canadian Journal of Psychiatry*, 1979, volume 24.

n'a pas manifesté son intérêt ni même daigné lui répondre. De même le Docteur Ney affirme qu'il est difficile de faire publier ses travaux de recherches. Et quand il publiait des articles sur le lien entre la violence faite aux enfants et l'avortement, beaucoup de ses collègues, sans lire les études, s'y opposaient avec véhémence. Selon lui, pour aborder cette question scientifiquement, il est nécessaire de garder « son esprit ouvert », et il craint que ce ne soit malheureusement pas le cas de certains de ses collègues sur ces questions.

Pour les personnes en souffrance, cependant, l'espoir est permis, puisque les nombreux parcours de guérison mis en place, entre autres sous l'impulsion du Docteur Philip Ney, permettent de guérir les blessures profondes et de sortir de la rancœur et de la haine qui habitent souvent ces personnes.

Annexe III

L'IVG est-il un sujet tabou ?

Docteur Valérie Lepetit, gynécologue

Du point de vue du corps médical, l'avortement est devenu un non-sujet, on ne peut plus s'y attarder. Les demandes d'IVG et leur réalisation doivent passer dans le cadre des actes les plus courants, il n'est plus question de les singulariser. Après l'acte, la vie doit reprendre son cours comme avant, comme si rien ne s'était passé.

Cette loi du silence perceptible à tous les niveaux ne fait pas exception dans le cabinet médical, où pourtant est garanti le secret professionnel. Voici quelques réflexions sur mon expérience de plus de trente ans de consultations gynécologiques. Les situations que je rencontre présentent deux cas de figure : la consultation avant l'IVG et toutes celles à distance de l'IVG.

Avant l'IVG

Les consultations de demande d'IVG ont bien évolué en plus de trente ans d'exercice. Au début de mon activité professionnelle, la loi Veil votée en 1975 était en cours depuis une dizaine d'années. Les femmes qui se présentaient pour une demande d'IVG arrivaient un peu gênées par cette demande et s'efforçaient de convaincre le praticien du bien-fondé de sa requête : « Vous comprenez, je ne peux pas parce que… » Et s'ensuivaient toutes les « bonnes raisons » qui pouvaient servir à montrer son état de *détresse* (terme retenu dans la loi jusqu'à une époque récente). Un échange était toujours possible, permettant d'étudier ensemble les réelles difficultés et d'envisager les diverses solutions pour les pallier dans le but de permettre la poursuite de la grossesse. Surtout, l'acte d'interruption de la grossesse se devait d'être explicité dans sa réalité, afin de faire prendre conscience à la femme qu'il s'agissait, selon les mots de Simone Veil, d'un acte grave qui supprimait la vie dans le sein de sa mère. Enfin, les deux solutions, poursuite ou interruption de la grossesse, étaient étudiées tant dans leur aspect technique et concret que psychologique. En particulier, les conséquences à court et plus long termes étaient étudiées afin que la femme puisse prendre sa décision en toute connaissance de cause. Des questions difficiles étaient abordées comme : pourra-t-elle avoir un autre enfant ? Cette grossesse est-elle une chance unique à ne pas laisser passer ? Quel regard porter sur l'enfant suivant et comment vivre la grossesse ultérieure sereinement ? Comment vivre la première date anniversaire de la naissance présumée, et toutes les suivantes. Un garçon, une fille ? (Il faut noter que souvent cette ignorance est source de grande angoisse.) Je prenais le soin de préciser les dates butoirs permettant d'ouvrir tout un temps de réflexion, dans le but d'éviter toute précipitation préjudiciable. Enfin, je ne manquais pas de prescrire une échographie dans le but, certes, de confirmer l'âge de la grossesse, mais aussi et surtout de provoquer un premier contact entre la mère et son enfant : occasion pour elle de le voir et d'entendre son cœur battre, ce qui ne pouvait la laisser indifférente.

Cet échange était constructif, les arguments pouvaient être évoqués et je crois bien que cette consultation permettait à la patiente, souvent venue seule, de prendre le temps de la réflexion et de dépasser la seule obnubilation dans laquelle elle était depuis qu'elle avait appris l'existence de cette grossesse. Elle pouvait repartir aussi avec des indications sur les aides matérielles possibles (une obligation théorique de la loi Veil...) et toute information utile pouvait être donnée.

Cela prenait beaucoup de temps car l'enjeu était important (une femme en souffrance et un enfant en gestation) et la porte du cabinet restait ensuite toujours ouverte pour une éventuelle prolongation d'échange si elle le souhaitait.

Les suites de ce rendez-vous ? Beaucoup d'IVG étaient pratiquées ; quelques bébés sont nés. Dans ces cas, les patientes ne manquaient pas de revenir tôt ou tard avec leur bout'chou, finalement très heureuses d'avoir fait ce choix ! Ce dernier ne tenait pas à grand-chose, et pourtant il transforme deux vies, celle de l'enfant puisqu'il est toujours vivant, et celle de sa mère qui l'a porté en son sein et dans son cœur. Je pourrais aussi rajouter celle du conjoint, qui souvent absent au moment de la décision peut retrouver sa place et sa dignité de père.

Les temps ont bien changé depuis quelques années. Non pas la réalité de l'avortement, qui demeure, non pas le nombre d'IVG par an, qui reste paradoxalement stable (220 000 par an en France). La gravité de l'IVG a été sans cesse remise en cause dans le but de le « dédramatiser » et de « déculpabiliser » la femme, avec une volonté de rendre cet acte aussi banal qu'une simple petite intervention chirurgicale. Les conditions de la loi ont été assouplies puisque la notion de détresse a purement et simplement été supprimée, et pour finir l'IVG est devenue un « droit fondamental » pour toutes les femmes, y compris les mineures, et ce même en l'absence d'autorisation de leurs parents. Pour nous les médecins, la loi est devenue comme une « épée de Damoclès » car on pourrait invoquer contre nous une faute devant des tribunaux ou le Conseil de l'ordre si nous faisons une « entrave » à la demande de la patiente.

À quoi se résume maintenant ce premier rendez-vous de demande d'IVG ? La demande d'IVG est exprimée avec tout juste un semblant d'explications : « J'ai oublié ma pilule » ou « Le préservatif a craqué », « La faute à pas de chance ». Suivant les dates de la grossesse et la vérification échographique, le praticien délivre les comprimés pour une interruption médicamenteuse si la grossesse est très jeune ou oriente vers une intervention classique. Le praticien prendra un peu de temps pour expliquer les modalités de la prise et de la surveillance médicale dans les jours qui suivent, mais pas pour amorcer un dialogue avec la patiente, d'autant plus que le délai légal de réflexion de huit jours a été récemment supprimé. « Plus vite c'est fait, mieux c'est », disent-elles.

Elles veulent interrompre leur grossesse sans donner de raison et le plus vite possible, et de préférence par voie médicamenteuse, plus indolore pensent-elles. On leur a assuré que tout était désormais facilité. Pas question que l'on vienne faire entrave à leur projet en le remettant possiblement en question… Je me risque pourtant à proposer un temps de réflexion sur cette situation. « Pourquoi ne pas envisager d'accueillir cet enfant, ou assumer ses responsabilités puisque vous n'aviez pas de contraception ? » C'est peine perdue car le dialogue est coupé net, « C'est déjà tout réfléchi, ma décision est prise », et la patiente ne veut surtout pas prolonger la discussion au risque pour le praticien d'être accusé de porter entrave à leur souhait. Et je n'ose plus sortir les documents qui évoquent les solutions alternatives et en parler. Ce serait une incitation coupable à poursuivre la grossesse alors que ce n'était pas sa demande première. Parler de l'avortement en employant le terme de « supprimer un enfant » ou dire que cela revient à « tuer » est désormais banni du vocabulaire. Parler de l'adoption possible ? Impensable et proposition jugée effroyable venant de la part d'un médecin. « Je préfère une IVG plutôt que donner mon enfant à quelqu'un d'autre ! »

En somme, il n'y a plus de dialogue. Tout ce qui pourrait se rapprocher d'une réflexion est écarté car cela touche à l'essentiel, au sens de la vie, celle d'un enfant et celle de sa mère dans ce qu'il y a de plus féminin en elle : la fécondité à travers la maternité.

Tout est fait actuellement pour surtout ne pas évoquer ces sujets si essentiels. La femme le ressent au fond d'elle-même et préfère esquiver pour ne pas ressentir une quelconque culpabilité puis le remords. Il n'est pas convenable de ressentir une émotion qui ne serait pas conforme. On s'interdit donc de parler, et la patiente et le praticien ; on exécute sans se poser de questions.

Mais donne-t-on toutes ses chances à cette mère de garder son enfant ? Est-elle libre de sa décision ? De quelles pressions de son entourage est-elle l'objet ? Le conjoint, ses parents, tous ces proches soi-disant bien intentionnés qui n'auront de cesse de l'orienter vers la « mort sans douleur et sans nom » ? Ou au contraire se retrouve-t-elle seule, laissée à elle-même, tandis que le père de l'enfant est soit absent soit indifférent ? Toutes ces personnes, cette patiente, la société tout entière ont-elles encore conscience qu'il s'agit de décider de la vie d'une personne, d'un enfant que l'on respecterait s'il était déjà né ? Il est le frère ou la sœur des autres enfants de la fratrie déjà nés. Pourquoi ces derniers ont-ils la vie sauve et non leur frère ou sœur benjamin dont seulement quelques mois les séparent ? Et pourtant, ce tout-petit a déjà figure humaine, il mesure quelques centimètres et son cœur est déjà audible à 3 semaines de vie. Et si vraiment ce n'est pas le moment d'agrandir la famille, n'aurait-on pu en amont prendre ses dispositions puis ses responsabilités, homme et femme, afin de tout faire pour éviter d'arriver à cette situation ? La femme est-elle avertie réellement des conséquences proches ou lointaines qui suivront cet avortement ? En particulier les dépressions, les maladies psychosomatiques, les infertilités secondaires, mais aussi le syndrome des survivants pour ses autres enfants déjà nés ou futurs à naître… Toutes ces conséquences à distance, la femme est devenue bien incapable de les aborder et de les entendre car elle ne peut ou ne veut se projeter si loin. Et confier son enfant à l'adoption, qui relève certes d'une difficile décision mais qui témoigne d'une vraie preuve d'amour pour son enfant : est-ce vraiment être trop cruel pour l'évoquer en consultation ? Et pourtant, combien de couples infertiles seraient heureux d'accueillir et d'élever cet enfant arrivé tant désiré ? Mais non, la décision d'interrompre la vie devient préférable à celle du don de son enfant vivant.

Quel gâchis dans toutes ces situations ! Je mesure aussi cette souffrance future qu'elles pressentent et qu'elles vont à jamais enfouir au fond de leur cœur. Et nous sommes là, impuissants face à ce consensus qui enjoint de ne surtout pas trop réfléchir face à un « droit » que personne ne doit discuter et un devoir de ne rien ressentir, patientes, praticiens et la société tout entière.

À distance de l'IVG

Toute consultation gynécologique, quel qu'en soit le motif, ne peut faire abstraction des antécédents de la patiente. C'est ainsi qu'on prend note du passé médical et chirurgical, mais aussi gynécologique et obstétrical. Les enfants nés sont mentionnés facilement, parfois les fausses couches mais rarement spontanément les IVG. C'est moi qui demande : « Pas de fausses couches ni d'IVG ? — Ah si, j'oubliais, une ou deux IVG : ça remonte à loin, j'étais jeune… » Et on passe à la suite de la consultation. Mais cet événement était-il anodin ? Je ne peux m'empêcher de me risquer à demander : « Vous y repensez ? » J'ai mis du temps à élaborer cette courte phrase. Elle se veut comme une porte ouverte à l'échange et surtout pas comme un jugement.

Les réponses sont binaires. Soit, elle dit : « Pas du tout, c'est de l'histoire ancienne », « Non je n'y repense pas du tout ». Et je sens bien que la patiente ne souhaite pas du tout en reparler. Rideau, il n'y a rien à voir. Et à travers cette attitude de fermeture, je m'interroge sur la profondeur de la blessure, peut-être enfouie au point « d'oublier ». Autre cas de figure, elle affirme : « Oh oui, j'y repense souvent » ou même « Tout le temps ! » Cette réponse me permet de penser que la patiente est peut-être prête à oser franchir cette porte ouverte de l'échange.

Et là, il est primordial de laisser de côté l'objet initial de la consultation. Car cette patiente a-t-elle souvent l'occasion de revenir sur cet épisode qui manifestement la taraude toujours ? C'est donc pour moi une urgence, et le temps peut s'arrêter.

Le dialogue peut revêtir diverses formes, peu importe. La patiente évoque ses souvenirs à sa manière, que ce soit par les raisons invoquées, des regrets exprimés, des projets modifiés, les conséquences sur le couple… ou encore la façon dont elle a vécu cet avortement, ses émotions de cette période ou celles qui remontent à cette évocation. Parfois aussi, des larmes qui coulent, furtivement essuyées mais qui font du bien et qui apaisent. De toute façon, on ne peut plus revenir en arrière ; cet enfant est bien mort, mais manifestement toujours vivant dans le cœur de sa mère.

Mon rôle est avant tout une attitude d'écoute, d'empathie pour cette souffrance qui peut s'exprimer ; et j'ai l'occasion de mesurer combien les patientes gardent en elles tout ce vécu traumatisant sans pouvoir en parler. À qui pourraient-elles ouvrir leur cœur ? Autour d'elles, elles ne rencontrent que des amies (ou copines), qui ont pour certaines également vécu la même chose et pour qui le discours ambiant est de dire haut et fort qu'elles ont « bien vécu » leur avortement ; pas plus leur mère, qui elle aussi a pu avoir vécu ce même traumatisme, ou qui a pu l'avoir contrainte à cette décision, ou encore qui n'est même pas au courant de ce qu'a vécu sa fille toute seule. Est-ce un sujet si tabou qu'on ne peut l'aborder avec ses proches ? Y compris le conjoint, qu'il soit ou non le père de l'enfant disparu ? L'homme ressent aussi une souffrance parfois très profonde mais ne la vit pas de la même manière car non atteint dans son propre corps ; il peut aussi parfois se sentir trahi par sa compagne devant la décision prise et ne pourra en parler. Pas de place, donc, ni d'oreille attentive pour confier ce chagrin d'avoir perdu un enfant et de plus par son propre fait. Ce regard en arrière est très dur et très éprouvant.

Pouvoir crier sa souffrance, son désarroi est pourtant primordial pour libérer cette parole trop fortement réprimée. Et pouvoir à terme donner à cette femme la possibilité de faire la paix avec son enfant à travers le pardon donné et reçu, passage indispensable pour retrouver liberté et joie de vivre. À nous praticiens, le cas échéant, de savoir orienter la patiente si elle le souhaite vers les lieux ou personnes où elle pourra faire cette démarche. Nous ne sommes que témoin de leur souffrance qui peut parfois aller jusqu'à nous émouvoir. Mais nous pouvons aussi, si elle le souhaite et nous y autorise, l'aider à donner un sens à cette souffrance et lui redonner le goût et la saveur de la vie.

Cet échange n'est pas sans risque pour le praticien. Je l'ai appris à mes dépens et cela m'oblige à être extrêmement prudente quant à l'opportunité ou non d'ouvrir et de poursuivre cet échange, prouvant une fois de plus, s'il en était besoin, qu'évoquer ce sujet est loin d'être anodin. Car même les murs de nos cabinets ont des oreilles, et il faut savoir que le contenu de nos échanges peut se retrouver sur la place publique.

Force est de constater que rien n'empêche la patiente (ou un tiers à qui la patiente se serait confiée) de divulguer à sa manière le contenu d'une consultation. Dans ce domaine, le discours retransmis par la patiente prévaut sur la réalité et le médecin est obligatoirement remis en cause voire accusé tout simplement d'être source de souffrance. Dans ces conditions, comment pouvoir parler ouvertement et oser dire la vérité, sachant que le praticien peut subir des retours désobligeants de la part de quiconque, y compris de l'Administration ou du Conseil de l'Ordre des Médecins, voire de la Justice, pour avoir porté atteinte à la loi du silence.

Voici un exemple : en début d'après-midi, je reçois pour la première fois une patiente pour une consultation de routine et dans l'interrogatoire, je relève la présence d'une IVG antérieure et lointaine. Selon mon habitude, je demande : « Vous y repensez ? » Et la patiente s'effondre en larmes, me faisant comprendre qu'elle en porte le lourd poids tous les jours. S'ensuit un bon échange en vérité, douloureux certes mais libérateur en partie, permettant un début de chemin. En fin de consultation, je vérifie comment cette conversation a été vécue, afin de confirmer la justesse des propos échangés et ne pas laisser un ressentiment négatif en cours. Cette patiente s'était sentie soulagée d'avoir pu aborder ce sujet, chose qu'elle n'avait jamais pu faire auparavant. Moi-même, je suis toujours admirative devant ces patientes qui osent se livrer si simplement en confiant leurs grandes difficultés, et je les en remercie toujours. Nos salutations sont chargées de nos échanges et sont apaisantes pour chacune.

Quelle ne fut pas ma stupéfaction lorsqu'une heure plus tard, je reçois au cabinet un appel téléphonique tonitruant d'une de ses collègues de travail, me demandant ce que j'avais dit à la patiente pour expliquer son état tout chamboulé et ses yeux rougis par les larmes à son arrivée au travail. Elle avait su que nous avions évoqué son avortement antérieur et j'ai alors eu droit au téléphone, alors que j'étais avec une autre patiente en consultation, à une diatribe sur le droit à l'IVG et que « je n'avais pas le droit de revenir dessus, etc. » Elle était prête à porter plainte pour sa collègue pour « dénoncer ces médecins qui pourraient remettre en question ce droit jugé définitivement acquis ». Je suis vraiment tombée des nues et restée choquée longtemps.

Cette collègue ne pouvait savoir comment s'était déroulé l'entretien, mais une chose est sûre, c'est qu'il lui a suffi d'apprendre que l'on avait parlé d'IVG pour qu'elle se mette en colère et me déverse au téléphone toute sa charge envers les « anti-IVG » dont je faisais forcément partie. Il ne s'agissait pas même d'elle en l'occurrence, mais du « sujet » qui était devenu en soi tabou.

Comment se risquer encore en consultation ? La parole est comme confisquée pour les praticiens, alors qu'elle pourrait être probablement libératrice envers leurs patientes.

Et encore plus loin

Et toutes ces pathologies récidivantes ou chroniques telles les dépressions dont les femmes n'arrivent pas à se débarrasser ? Et toutes ces infertilités secondaires qui restent inexpliquées ? Et toutes ces discordes dans le couple à l'origine de tant de divorces ? Et tous ces enfants qui posent des problèmes scolaires ou de comportement ? Ne peut-on délicatement faire un lien avec un avortement antérieur et permettre à la patiente d'en prendre connaissance, dans un premier temps ? Car souvent, cette blessure est si lointainement enfouie qu'elle ne peut en prendre conscience toute seule. Mais actuellement il est impensable d'oser faire ce rapprochement, car l'évoquer serait une entorse au « droit » qui assure que l'IVG est une intervention anodine et sans conséquence. Remettre en cause s'avère dangereux, car nous serons accusés de rajouter une souffrance supplémentaire à celle déjà existante.

Et tous ces embryons surnuméraires qui « dorment » au congélateur après une FIV réussie ? Évoquer leur avenir serait-il très mal venu ? Ils passent du stade d'« embryons très précieux », porteurs de grands espoirs, au stade de l'oubli quand ils ne font plus partie du projet parental d'enfant, dès qu'une naissance a eu lieu ; et pourtant ce sont « des frères ou sœurs » qui attendent leur sort... Aussi, je me souviendrai toujours de cet appel téléphonique d'un mari en colère quelques heures après une consultation avec sa femme, avec qui nous avions bien échangé au sujet de l'avenir de deux ou trois embryons restés « en sommeil » au congélateur. La femme manifestement avait été émue d'avoir eu l'occasion de se pencher sur leur sort, et de comprendre qu'ils étaient toujours « en attente ». De retour chez elle, elle avait fait part de cette préoccupation à son mari, ce qui avait mis ce dernier hors de lui, puisque d'après lui je n'aurais jamais dû évoquer le sujet, réveillant certainement une sorte culpabilité envers ces embryons dont il ne souhaitait plus se préoccuper.

En marge des consultations avec les patientes

Je ne peux manquer d'évoquer la question de l'objection de conscience, accordée dans les textes de loi aux seuls médecins mais bien écornée dans la réalité. Prenons par exemple ces jeunes internes en médecine qui sont tout juste respectés dans leur souhait de ne pas pratiquer des IVG, ni même d'y participer, mais qui risquent de pas obtenir la validation de leur stage. C'est un détournement de l'application de la loi et une discrimination dans les faits.

Et pourquoi cette objection de conscience ne pourrait-elle pas être étendue aux autres professions médicales et paramédicales ? Pas de discussion car le sujet est encore tabou…

Et que dire des stérilets, des pilules contraceptives, de tous ces moyens mis à la disposition des femmes « pour éviter des avortements » ? Qui sait que le mécanisme d'action repose en partie ou en totalité sur leur action anti-nidatoire ? Ce qui revient à provoquer des avortements très précoces, méconnus des femmes et de tous. En effet, les notices ou les documents médicaux se gardent bien d'être explicites et préfèrent mentionner le mode d'action dans un langage hermétique en énonçant que « la muqueuse est rendue impropre à la nidation ». Qui va comprendre ?

Alors, donner des explications claires fait partie du plus élémentaire devoir du médecin vis-à-vis de ses patientes. Mais peut-il encore le faire ? Je l'ai appris à mes dépens.

En découvrant la réalité, les femmes réagissent de façon binaire :

- Soit elles prennent acte de l'information avec indifférence, devenue totalement insensibles au drame qui se vit en elles.
- Soit elles découvrent avec stupeur ce qu'aucun ne leur avait jamais expliqué et certaines peuvent se sentir coupables d'être passées si longtemps à côté de la réalité. En souhaitant par la suite changer de mode

de contraception, elles remettent en question la vie sexuelle de leur couple.

Mais alors combien d'appels furieux du mari, très mécontent d'avoir à modifier le « confort bien établi » jusque-là de leur vie intime (la contraception reposant le plus souvent sur la femme seule), et n'acceptant pas cette remise en cause. Mais aussi des appels et remarques désobligeants de confrères trop complices.

Me voici donc accusée de bouleverser la tranquillité de ces couples, d'être source de culpabilité pour ces femmes, voire d'être responsable d'éventuelles grossesses inattendues (en cas de gestion non responsable de la fertilité), et même des IVG secondaires qui en seraient la suite logique! Un comble! Comment oser encore parler?

On voit bien comment les mentalités contraceptive et abortive sont étroitement liées l'une à l'autre.

Conclusion

Alors, est-ce que l'IVG est désormais un sujet tabou? Oui, et plus que jamais, je peux en témoigner, et malheureusement de plus en plus au fur et à mesure que la pression sociale interdit d'en parler.

Le praticien doit-il se taire pour autant? Au fond de moi, je ressens cette rage de me sentir bâillonnée, alors que la vérité ne demande qu'à être criée pour permettre de prévenir ou de libérer tant de souffrance méconnue. Chaque consultation abordant de près ou de loin le sujet de l'avortement est un véritable combat intérieur: porter secours ou lâchement se taire. L'expérience m'a appris à faire preuve de grande prudence pour discerner ce qui est à dire, à quel moment et à qui, pour ne pas blesser. Alors, ouvrons nos yeux, nos oreilles et nos cœurs. Et arrêtons de blesser à jamais le cœur de ces femmes et d'endurcir nos sociétés.

Mais sachons aussi créer le cadre d'un véritable accueil de ces futures mères à tous les niveaux de la société. À cet égard, je ne peux que saluer de très belles initiatives privées (accueil, écoute...) au service réel de ces femmes, qui mériteraient d'être soutenues et plus développées. Il ne dépend que de nous de parler. C'est une urgence vitale pour tous, enfant, mère et chacun de nous. Cela nous concerne tous, médecins ou non.

Annexe IV

Discours de Madame Simone Veil, ministre de la Santé, prononcé à l'Assemblée Nationale pour défendre la loi qui porte toujours son nom, le 26 novembre 1974

Aucune femme ne recourt de gaieté de cœur à l'avortement. Il suffit d'écouter les femmes. C'est toujours un drame et cela restera toujours un drame.

C'est pourquoi, si le projet qui vous est présenté tient compte de la situation de fait existante, s'il admet la possibilité d'une interruption de grossesse, c'est pour la contrôler et, autant que possible, en dissuader la femme. [...] Actuellement, celles qui se trouvent dans cette situation de détresse, qui s'en préoccupe ? [...] Je n'ignore pas l'action de ceux qui, profondément conscients de leurs responsabilités, font tout ce qui est à leur portée pour permettre à ces femmes d'assumer leur maternité. [...]

En préparant le projet qu'il vous soumet aujourd'hui, le gouvernement s'est fixé un triple objectif : faire une loi réellement applicable ; faire une loi dissuasive ; faire une loi protectrice. Remettre la décision à la femme, n'est-ce pas contradictoire avec l'objectif de dissuasion, le deuxième des trois que s'assigne ce projet ? [...] Le gouvernement a choisi une solution marquant clairement la responsabilité de la femme, parce qu'elle est plus dissuasive au fond qu'une autorisation émanant d'un tiers, qui ne serait ou ne deviendrait vite qu'un faux-semblant. Ce qu'il faut, c'est que cette responsabilité, la femme ne l'exerce pas dans la solitude ou dans l'angoisse. [...] Le projet prévoit donc diverses consultations qui doivent la conduire à mesurer toute la gravité de la décision qu'elle se propose de prendre.

Le médecin peut jouer ici un rôle capital, d'une part, en informant complètement la femme des risques médicaux de l'interruption de grossesse qui sont maintenant bien connus, et tout spécialement des risques de prématurité de ses enfants futurs, et, d'autre part, en la sensibilisant au problème de la contraception.

Cette tâche de dissuasion et de conseil revient au corps médical de façon privilégiée et je sais pouvoir compter sur l'expérience et le sens de l'humain des médecins pour qu'ils s'efforcent d'établir au cours de ce colloque singulier le dialogue confiant et attentif que les femmes recherchent, parfois même inconsciemment.

Le projet prévoit ensuite une consultation auprès d'un organisme social qui aura pour mission d'écouter la femme, ou le couple lorsqu'il y en a un, de lui laisser exprimer sa détresse, de l'aider à obtenir des aides si cette détresse est financière, de lui faire prendre conscience de la réalité des obstacles qui s'opposent ou semblent s'opposer à l'accueil d'un enfant. Bien des femmes apprendront ainsi à l'occasion de cette consultation qu'elles peuvent accoucher anonymement et gratuitement à l'hôpital et que l'adoption éventuelle de leur enfant peut constituer une solution.

Il va sans dire que nous souhaitons que ces consultations soient les plus diversifiées possible et que, notamment, les organismes qui se sont spécialisés pour aider les jeunes femmes en difficulté puissent continuer à les accueillir et à leur apporter l'aide qui les incite à renoncer à leur projet.

Tous ces entretiens auront naturellement lieu seul à seule, et il est bien évident que l'expérience et la psychologie des personnes appelées à accueillir les femmes en détresse pourront contribuer de façon non négligeable à leur apporter un soutien de nature à les faire changer d'avis.

Les deux entretiens qu'elle aura eus, ainsi que le délai de réflexion de huit jours qui lui sera imposé, ont paru indispensables pour faire prendre conscience à la femme de ce qu'il ne s'agit pas d'un acte normal ou banal, mais d'une décision grave qui ne peut être prise sans en avoir pesé les conséquences et qu'il convient d'éviter à tout prix. Ce n'est qu'après cette prise de conscience, et dans le cas où la femme n'aurait pas renoncé à sa décision, que l'interruption de grossesse pourrait avoir lieu. [...]

Tout d'abord, l'interruption de grossesse ne peut être que précoce, parce que ses risques physiques et psychiques, qui ne sont jamais nuls, deviennent trop sérieux après la fin de la dixième semaine qui suit la conception pour que l'on permette aux femmes de s'y exposer. [...]

Contrairement à ce qui est dit ici ou là, le projet n'interdit pas de donner des informations sur la loi et sur l'avortement ; il interdit l'incitation à l'avortement par quelque moyen que ce soit car cette incitation reste inadmissible. [...]

Si l'on s'en tient aux principes généraux de la Sécurité sociale, l'interruption de grossesse, lorsqu'elle n'est pas thérapeutique, n'a pas à être prise en charge. Faut-il faire exception à ce principe ? Nous ne le pensons pas, car il nous a paru nécessaire de souligner la gravité d'un acte qui doit rester exceptionnel, même s'il entraîne dans certains cas une charge financière pour les femmes. [...]

À ceux-ci je veux dire que, si la loi est générale et donc abstraite, elle est faite pour s'appliquer à des situations individuelles souvent angoissantes ; que si elle n'interdit plus, elle ne crée aucun droit à l'avortement.

Table des matières

Mise en pages réalisée par
Jacques Motllo – 66470 – Sainte-Marie-la-Mer
38/2018

Achevé d'imprimer le 4 mai 2018
sur les presses de
La Manufacture - Imprimeur – 52200 Langres
Tél. : (33) 325 845 892

N° imprimeur : 180575 - Dépôt légal : mai 2018
Imprimé en France